영화, 만화, 드라마, 게임에
빠진 이를 위한 철학 에세이

B급 철학

B급
철학

영화, 만화, 드라마,
게임에 빠진 이를
위한 철학 에세이

한길석, 유현상, 강경표, 오상현, 박종성, 강지은, 김성우, 조배준 지음

B급 철학과 B급 문화의 아름다운 동거

선입견인지는 모르겠으나 이 책의 제목에 눈길이 가서 책을 펼쳐든 당신은 고급문화보다는 대중문화에 익숙할 것이다. 아마도 당신은 영화를 밥 먹듯이 보고, TV를 끼고 살며, 게임 폐인의 경험을 한 번씩 갖고 있는 사람일 것이다. 당신은 연극이나 오페라보다는 드라마와 예능 쇼를 선호할 것이고, 북카페에서 칸트의 『실천이성비판』을 읽으며 사색에 잠기기보다는 만화카페에 틀어박혀 『워킹 데드』를 보며 도덕적 딜레마를 생각해 보는 사람이리라. 어쩌면 당신 집 책장 한 켠은 아이언맨이나 도라에몽 피규어가 가득할지도 모르겠다. 아울러 당신의 외장하드에는 미처 보지 못한 미드와 애니로 꽉 차 있을 테고…… 기타등등, 기타등등.

그러나 이런 당신이 별난 인간이라고 할 수는 없다. 오늘을 살고 있는 사람들은 대부분 고급문화보다는 대중문화에 열광하고 있기 때문이다. 다만 당신은 대중문화를 오락용으로 소비하는 것에 그치지 않고 그 것을 통한 지적 탐색을 시도한다는 점에서 조금 다를 뿐이다. 『슬램덩크』로 우정을 고민하고, 『기생수』를 통해 인간 존재의 의미에 대해 숙고하던 당신이 아니고서야 바쁜 와중에 서점을 어슬렁대고, 그것도 모자라 인문 분야의 철학 신간 코너 주변을 배회하다가 이 책을 펼쳐 보았을 리 만무하기 때문이다.

제목에서 알 수 있듯이 이 책은 대중문화 콘텐츠에 대한 철학적 해명을 시도하고 있다. 여덟 편의 글로 이루어진 이 책은 B급 영화, 그래픽 노블, TV 드라마, 애니메이션, 예능 프로그램 등을 대상으로 삼아 철학적 이론을 연결해 보고 있는 것이다. 원래 이 책은 한국철학사상연구회와 벙커 1이 협력하여 진행한 강연을 책으로 묶은 것이다.

철학 이론을 대중문화 콘텐츠와 연결하여 사람들에게 소개하는 작업은 최근에 일어난 흐름이라고 흔히 생각한다. 그러나 대중과 철학의 만남은 이미 오래전에 시작된 일이었다. 이미 고대 아테네의 아고라는 지중해 세계 이곳저곳에서 모여든 철학적 지식인들의 이야기와 연설로 떠들썩했으며, 시민 대중은 공개적 장소였던 아고라에서 이들의 이야기에 귀 기울였기 때문이다. 하지만 둘의 사이는 예나 지금이나 서먹하다. 까닭은 소크라테스의 죽음에 있다고 할 수도 있겠다.

당시에 철학은 인간 사회의 문제를 다루기보다는 자연 세계에 대한 지식을 다루는 활동으로 여겨지곤 했다. 최초의 철학자들이 자연철학자로 불리는 이유다. 하지만 소크라테스는 달랐다. 키케로의 말대로 "소크라테스는 처음으로 철학을 하늘로부터 불러 내렸고, 그것을 도시에다 세웠으며, 집집마다 도입하였고, 그것에다 삶과 관습, 좋은 것과 나쁜 것에 관한 탐구의 임무를 부여하였다.(『투스쿨룸 대화』 V, 10)" 시민 대중과 동떨어진 채 하늘만 쳐다보면서 인간사의 문제에는 무관심했던 철학자가 소크라테스 이후 지상으로 내려와 시민 대중과 함께 올바르고 인간다운 삶에 대해 대화하기 시작한 것이다.

그러나 둘의 대화는 사이좋게 이루어지지 않았다. 소크라테스의 대화법은 너무나 독특하여 그와 문답에 나선 이들을 난처하게 만들기 일쑤였다. 소피스트들은 무언가를 물으면 답을 주었지만 소크라테스는 오직 물음만 던질 뿐이었다. 답을 알고 있다고 자부하던 이들도 소크라테스에게 걸려들면 순식간에 무식쟁이로 돌변하곤 했다. 나이 많은 이들의 권세에 배알이 뒤틀렸던 젊은이들은 그런 소크라테스를 좋아했다. 하지만 기성세대들은 소크라테스가 눈엣가시 같았다. 마침내 이들은 몇 가지를 구실 삼아 소크라테스를 고발하여 사형시켰다. 소크라테스의 죽음은 정치 환경의 쇄신 속에서 발생한 측면이 강하지만 자세한 정치적 내막은 생략하기로 하자. 여하튼 문제는 시민 대중이 자기네와 대화하던 철학자를 살해한 것이다.

충격을 받은 제자 플라톤은 시민 대중과 철학자 사이의 관계가 결코 평화로울 수 없음을 죽을 때까지 잊지 않았다. 그의 저작 곳곳에 대중에 대한 의구심이 스며 있는 까닭이다. 그럼에도 불구하고 플라톤은 대중에 대한 설득을 포기하지 않았다. 그는 대중이 드라마에 열광하고 있음을 잘 알고 있었다. 당시 연극 대본은 시인들이 썼는데, 이들은 그리스인들의 인륜성을 고양시키는 도덕 교사의 역할을 담당하고 있었다. 즉 아테네 대중은 에우리피데스와 소포클레스 등의 비극을 보고 어떻게 살아야 인간으로서의 탁월한 삶을 살 수 있는가를 배웠다. 대중의 '우매함'을 일깨우는 것을 소망하던 플라톤은 바로 이 점을 주목하였다. 그래서 그는 드라마적 형식을 활용하여 저작을 저술하였다.

플라톤의 시도는 성공적이라고 할 수 있을까? 그의 저작이 지금까지도 전 세계인의 정신을 살찌우고 있다는 점에서 보면 성공했다고 평가할 수도 있을 것이다. 하지만 플라톤의 노력에도 불구하고 대중이 철학적 지식에 접근하는 것은 여전히 어렵다. 인간다움의 탁월성을 위한 학문, 즉 인문학적 탐구의 전통을 포기하지 않는 철학자라면 플라톤과 같은 노력을 기울여야 할 것이다. 그렇다면 드라마 동영상을 제작하여 유튜브에 올리기라도 해야 할까? 새로운 도전은 쉽지 않다. 대신에 시도해 본 결과물이 바로 이것이었다. 강연과 출판 그리고 대중문화에 대한 비판적 해석과 성찰은 형식이나 내용에 있어 여전히 너무나 고전적이다. 원래의 의도는 조금 더 '마이너하고 병맛 같은', 그리하여 주류 사회적 가치에 대항하는 성찰을 시도하는 것이었다. 그런 면에서 현재의 결과물은 미래의 과제를 지시한다.

그람시는 『옥중수고』에서 모두가 철학자이며 지성인이라고 말하였다. 그에게는 철학자와 대중, 전문적 엘리트와 보통 사람 간의 구분이 무의미했다. 그는 이 둘의 만남을 도모하면서 새로운 세상을 창조하고

| B급 철학 |

자 하였다. 대중문화와 철학적 사유를 연결시키면서 현대인의 삶을 성찰하는 시도는 바로 이런 정신과 맞닿아 있다. 아무쪼록 이 책의 시도가 대안적 가치를 모색하려는 대중 지성인들에게 약간이나마 도움이 되기를 바란다.

2016년 10월 20일
한국철학사상연구회

1

소비하는 좀비들의 세계

영화 「살아 있는 시체들의 새벽」

———

장 보드리야르 『소비의 사회』

한길석

「시체들의 새벽」

「시체들의 새벽」은 조지 로메로 감독의 호러 영화 작품이다. 「살아 있는 시체들의 밤」(1968)에 이어 1978년에 공개되었다. 당시 무명이었던 조지 로메로는, 이 작품을 계기로 '호러의 대가Master of Horror'라는 별명을 얻으며 일약 유명한 감독이 되었다. 흥행 성공에는 이탈리아 호러 영화 감독인 다리오 아르젠토의 도움이 있었다. 그는 이 영화에서 제작 일부와 음향 효과, 유럽 공개판 감수 작업을 맡았다. 그가 이 작품이 유럽 시장에 진출하는 데 교두보 역할을 했음을 간과할 수 없다. 인간이었을 때의 습관에 따라 거대한 쇼핑몰에 빨려 들어가듯 모이는 좀비들의 모습을 통해 미국의 거대 소비사회를 날카롭게 풍자한 로메로 감독 본인은, 이 작품엔 일종의 블랙 코메디적인 요소가 있다고 말했다.

장 보드리야르

프랑스의 대표적 사상가 중의 한 사람으로 1929년 7월 27일 프랑스 랭스에서 태어났다. 낭테르 대학과 도팽 대학의 사회학과 교수를 역임했다. 박사학위 논문『사물의 체계』(1968)에서부터『파타피직스』(2007)에 이르기까지 40여 년간 50여 권에 이르는 저서를 출판했으며, 그중『시뮬라시옹』(1981)은 그의 독창적 이론을 완성해 낸 가장 중요한 저서로 손꼽힌다. 이미지와 미디어가 지배하는 세상에 대해 지속적이고 근본적인 사유를 펼쳐 온 보드리야르는 2000년대에 한국을 두 차례 방문해 이미지와 기호, 시뮬라크르 들이 지배하는 세상에 대해 진술하고 비판의 메시지를 전하기도 했다. 2007년 3월 6일 장 티푸스로 세상을 떠났다.

지은 책으로『소비의 사회』,『시뮬라시옹』,『생산의 거울』,『상징적 교환과 죽음』,『푸코 잊기』,『숙명적 전략』,『신성한 좌익』,『차가운 기억들』,『악의 투명성』,『완전 범죄』등이 있다.

라스베이거스를 떠나며

◇◇◇

얼마 전 신부 한 명 그리고 선배 학자와 함께 미국을 여행하다 라스베이거스에 갔습니다. 라스베이거스는 멀쩡한 사람을 순식간에 도박 중독자로 만들어 파산 지경으로 내모는 도시로 이름난 곳이니만큼 경계를 단단히 하고 슬롯머신에 앉았습니다. 1센트로 53불 정도를 딴 저는 곧바로 자리를 털고 일어났습니다. 라스베이거스의 제물이 되지 않았다는 승리감을 가지고 말이죠. 하지만 라스베이거스는 영악했습니다. 지갑을 털어내는 다른 방법이 있었으니까요.

의기양양하게 도박장을 걸어 나오는 데까지는 성공했지만 쇼핑가에서 임자를 만나 버렸습니다. 잠시 필요한 물건이나 사겠다고 들른 아울렛 쇼핑몰에서 사달이 난 것이죠. 쇼핑을 즐기지도 않고, 물건을 살 때도 요모조모 따지기를 좋아해서 좀처럼 지갑을 열지 않는 성격인지라 쇼핑몰에 들어설 때만 해도 그리 많은 물건을 소비할 줄 몰랐습니다. 하지만 엄청나게 저렴한 명품에 무장 해제된 것은 순식간이었습니다. 쇼핑몰을 헤매다 정신을 차려 보니 어느새 서너 시간이 훌

렀고, 양손에는 이러저러한 물품을 담은 쇼핑백이 가득이었습니다. 멋쩍은 맘으로 일행과 만나기로 한 장소에 도착해 보니 저만 그런 것이 아니었죠. 함께 간 신부는 양손도 모자라 등짐까지 지고 있었습니다.

쇼핑몰에서 정신을 놓아 버린 일은 이때가 처음이었습니다. '아무리 많이 배우고 수도를 오래 해봐야 소용이 없군. 학자건 신부건 라스베이거스에서는 모두가 똑같이 얼간이가 되니…….' 라스베이거스를 떠나며 든 생각이었습니다.

쇼핑하는 좀비들
◇ ◇ ◇

해마다 11월 말이면 미국은 쇼핑의 광기에 휩싸이기 시작합니다. 이른바 '블랙 프라이데이'라는 폭탄 세일 기간이 이 시기에 시작되죠. 엄청나게 싼 값에 물건을 팔다 보니 사람들은 모두 정신이 나간 채 따져 보지도 않고 물건을 사기 바쁘다고 합니다. 얼마 전부터는 사람들의 맹목적 소비를 비판하는 퍼포먼스도 열린다고 합니다. 좀비 분장을 한 사람들이 쇼핑몰을 배회하면서 광기에 휩싸인 채 쇼핑하는 이들을 풍자하는 것이죠.

좀비 퍼포먼스의 아이디어를 제공한 것은 조지 A. 로메로^{George A. Romero, 1940~} 감독의 「시체들의 새벽」(1978)이라는 영화가 아닐까 짐작

"
「시체들의 새벽」에서 쇼핑몰을 배회하는 좀비의 모습은 소비
자본주의의 마력에 홀린 현대인에 대한 영상적 우의로 활용된다.
"

됩니다. 이 작품은 로메로 감독의 좀비 연작 중 두 번째 영화로, 쇼핑
몰을 배경으로 하고 있습니다. 수많은 좀비에게 쫓긴 주인공들은 거
대한 쇼핑몰에서 배회하는 좀비들을 정리하고 자기들의 피난처로 만
듭니다. 로메로 감독은 쇼핑몰을 배회하는 좀비들을 소비 자본주의의
마력에 홀린 현대인에 대한 영상적 우의로 활용하죠. 그는 영혼 없는
언데드undead의 몸으로 쇼핑몰을 떠나지 못하는 좀비들의 모습을 서커
스 페스티벌에 어울릴 만한 배경음악과 함께 우스꽝스럽게 묘사하고
있습니다.

쇼핑몰에서 행복한 배회를 하고 있는 좀비들이 소비 자본주의 사회를 살고 있는 현대인들의 우의라면, 왜 우리 현대인들은 좀비처럼 쇼핑몰에서 벗어나지 못하고 있을까요? 도대체 우리는 뭣 때문에 소비 사회의 '살아 있는 시체들'이 되어 버린 것일까요? 이 의문에 답하기 전에 예비적으로 몇 가지 사항을 살펴보기로 하겠습니다.

과시, 분배 그리고 견제
◇ ◇ ◇

고전 경제학의 관점에서 볼 때 소비에 몰두하는 현대인들은 단순히 정상에서 벗어난 존재로 설명됩니다. 고전 경제학이 전제하고 있는 인간은 합리적 개인입니다. 합리적 개인은 자신의 이익을 최대화하고 손해를 최소화하려는 목적으로 경제 행위를 수행합니다. 소비도 마찬가지 목적에서 이루어지죠. 소비를 위한 소비는 목적을 상실한 비합리적 행위로서 정상성의 궤도에서 탈선한 이상 반응이라는 것입니다. 하지만 이 문제가 단지 정상과 비정상이라는 식으로 말끔히 해결되는 걸까요? 맹목적 소비란 정상성에서 잠정적으로 탈선한 행태라고 단순하게 규정하고 넘어가기에는 너무도 많이 그리고 지속적으로 발생합니다. 아마도 소비 행태는 다른 방식으로 설명되어야 할 듯합니다.

소비를 비합리적 일탈 행동으로 단순화시키지 않고 사회적 기능과 연관시켜서 설명하는 입장도 있습니다. 『유한계급론』으로 유명한 미국의 사회학자 소스타인 베블런Thorstein Veblen, 1857~1929은 상류층의 소비 행태가 일정한 사회적 효과를 발생시키기 위해 목적 의식적으로 이루어지기도 한다는 점을 지적하였습니다. 즉 유한계급의 소비는 사회적 지위를 과시하기 위해 행해진다는 것입니다.

과시적 소비가 사회적 기능을 위해 요청되는 사례는 현대 자본주의 사회에만 국한된 것은 아닙니다. 인류학적 사례도 다수 발견됩니다. 대표적인 것이 북아메리카 북서부 원주민들의 포틀래치Potlatch 축제입니다. 포틀래치 축제에 대해서는 프랑스의 인류학자 마르셀 모스Marcel Mauss, 1872~1950가 『증여론Essai sur le don』에서 분석했습니다. 포틀래치는 캐나다 원주민 치누크Chinook 부족의 말로, '건네주다', '베풀다'라는 뜻을 지니고 있습니다. 포틀래치 축제를 거행하는 원주민 부족으로는 치누크, 하이다, 누트카, 콰키우틀족이 있습니다. 포틀래치 주최자들은 카누, 사발, 숟가락, 조각품, 담요 같은 물건들을 힘들여 모아 놓았다가 초대한 이웃 부족에게 전부 선물로 나누어 주고 의기양양해합니다. 선물 나누어 주기라는 소비 행위를 통해 자신들의 부, 명성, 관대함 등을 과시하는 것이죠. 덕분에 축제 주최자들은 빈털터리가 됩니다.

선물을 받은 부족이라 해서 마냥 좋은 것만은 아닙니다. 선물을 받은 쪽은 상대방의 위신을 인정해 주는 처지가 됨으로써 치욕을 당했다고 생각하니까요. 그래서 그들은 다음 포틀래치를 주관할 때 자신들이 받은 물품보다 더 많은 재화를 모아 나눠 줌으로써 위세를 과시

> 포틀래치 축제는 재화의 독점적 축적을 방지하고 자연스러운
> 순환을 촉진시킴으로써 원주민 사회를 건강하게 유지하는 사회적
> 기능을 지닌다.

합니다. 그런데 선물 주기를 통해 위세 과시 경쟁이 과열되면 급기야
모아 놓은 물품 자체를 파괴하는 극단적 의식으로까지 전개됩니다.
파괴적 소비라는 가장 급진적인 소비 양태를 보여 줌으로써 자신은
물건 따위는 중시하지 않을 만큼 통이 크다는 것을 과시하는 거죠.

어떻게 보면 지혜롭고 어찌 보면 어처구니없는 이 소비 풍습은 원

주민 사회를 건강하게 유지하는 사회적 기능을 지니고 있습니다. 첫째, 그것은 재화의 독점적 축적을 방지하고 자연스러운 순환을 촉진시킵니다. 포틀래치라는 소비 축제를 통해 재화의 분배라는 기능을 수행하는 것이죠. 둘째, 그것은 지도자의 권력을 견제하는 기능을 수행합니다. 증여경제 사회에서 권력자가 되고 그 권력을 유지하기 위해서는 잔치를 열고 선물을 증여함으로써 구성원의 환심을 사야 합니다. 축제 서비스와 선물을 받은 구성원이 더 큰 증여를 통해 도전할 수 없다면 선물을 준 사람의 위세를 인정해 줌으로써 공동체의 화합을 유지하도록 하죠. 축제와 선물이 기대한 것보다 미미하다는 평가가 우세하면 권력자의 위세는 타격을 입습니다. 축제와 증여를 통해 수많은 물품이 소비되고 파괴적 낭비가 이루어집니다만 이를 통해 사회적 관계는 안정화되죠.

베블런과 모스가 제시한 분석에서처럼 낭비적 소비는 탈선으로 단순화되는 게 아니라 사회적 기능의 수행이라는 목적을 지니고 있습니다. 그렇다면 소비는 현대 사회에서 어떠한 기능을 지니고 있을까요?

생산 질서의 재생산
◇ ◇ ◇

9 · 11 테러가 일어나고 얼마 뒤 부시 대통령은 국민들에게 '쇼핑하

러 가기를 권장한다'는 말을 합니다. 이른바 '테러와 전쟁'을 치르기로 작심한 대통령이 '국가적 위기' 상황에서 나라를 위한 일로 국민들에게 쇼핑을 권고하다니 어리둥절한 노릇이 아닐 수 없습니다. 하지만 현대적 경제 구조를 고려해 본다면 '소비가 애국'이라는 저 연설은 납득 가능합니다.

근대 국가의 성립과 함께 경제 시스템이 전국적 단위로 재편되면서 국가는 집단적 생계 유지를 위한 사회 연합으로 기능합니다. 집단적 생계 유지가 원활하게 이루어지기 위해서는 재생산 기제가 확고히 자리 잡아야 할 것입니다. 가장 좋은 것은 국가 구성원에게 안정적 수입이 보장되는 일자리를 제공하고 산업을 활성화시키는 것이죠. 국민들이 안정적 수입을 갖게 되면 지속적 소비가 가능해지고, 이것은 다시 생산적 산업의 활성화와 국세 수입의 증가로 이어져 풍요로운 사회를 건설할 수 있다는 기대를 갖게 합니다.

20세기에 전 세계적 대공황의 여파로 인해 제안된 케인즈주의적 해법은 바로 이러한 기대를 반영한 정책이었습니다. 산업을 진흥시키려면 소비를 진작시켜야 하고, 더 많은 소비를 위해서는 상당수의 인구를 차지하는 중산층의 수입을 안정적으로 보장해 줘야 한다는 논리죠. 이러한 정책이 실효를 거두었는가에 대해서는 논란의 여지가 많습니다만 어쨌든 제2차 세계대전 후 서구의 많은 국가들이 케인즈주의적 아이디어를 중시하게 된 것은 사실입니다.

그런데 독점 자본의 발호를 억제하고 노동계급의 중산층화를 촉진시키면서 사회 전체의 구매력을 향상시키는 이러한 정책은 사회 구성원들을 소비에 익숙해지도록 만들었습니다. 냉장고, 세탁기, 자동차, 아파트, 텔레비전 등을 살 수 있도록 임금을 높이자 사람들은 냉장고를 가득 채우고 자동차 여행을 하는 삶을 당연하게 여기게 되었습니다. 경제 체제 또한 국민들의 소비를 통해 유지 및 재생산되는 구조가 돌이킬 수 없을 정도로 확고히 자리 잡게 되었습니다.

장 보드리야르는 "오늘날 사회에서는 낭비적 소비가 일상적 의무, 간접세처럼 종종 무의식적이고 강제적인 제도가 되었"다고 평합니다. 테러의 충격 속에서도 국민 단합을 위해 쇼핑하기를 권하는 부시의 연설은 이런 면에서 이해될 수 있습니다. 소비가 현대 사회의 주요 동력으로서 구조화되었다는 말이죠. 그런 면에서 현대의 낭비적 소비는 생산 질서의 재생산이라는 목적을 위해 기능적으로 작동한다고 말할 수 있습니다. "체계는 노동자로서의, 절약가로서의 인간을 필요로 하지만, 소비자로서의 인간은 더욱더 필요로" 하는 것이죠. 보드리야르의 말대로 현대 자본주의 "생산 질서는 …… 사물의 이 대량학살 또는 이 계산된 '자살'을 대가로 해서만 살아남"는 처지에 있습니다. 낭비적 소비를 통해 멀쩡한 물건이 대량으로 버려지고, 사물의 대량학살을 통해 생산의 에너지가 활성화된다는 것이죠. 포틀래치의 극단적 파괴 제의는 현대 자본주의 사회에서도 여전합니다. 다만 기능이 다를 뿐입니다.

물건에서 기호로

현대 사회에서는 누구나 물건을 사고 소비를 할 수 있습니다. 하지만 현대의 소비는 물질적 재화를 사 모으면서 그것을 실용적으로 활용하는 방식으로 이루어지지 않습니다. 단순 소비, 즉 물건의 실용적 성능과 내구성에 주목하면서 이루어지는 소비 양상에서는 무한한 소비 운동이 이루어지기 어렵습니다. 상품의 효용이 충족되는 순간 소비의 운동은 멈추게 될 테니까요. 그렇지만 현대인들은 상품 구매를 그치지 않습니다. 상품의 실용적 가치 때문에 구매한다는 말이 아니라는 것입니다. 그렇다고 되팔기 위해, 즉 교환가치의 최대화를 위해 상품을 구매하는 것도 아닙니다. 사용가치나 교환가치적 관점에서 상품 소비를 해명하기에는 한계가 있다는 말입니다. 국가 경제의 활력을 위해 소비가 이루어진다고 말하는 것도 우습습니다. 의무감에 의한 활동은 쾌감과 연결되지 않습니다. 하지만 현대인에게 소비는 쾌감을 불러일으키죠.

현대적 소비에는 의무라는 요소만이 아니라 '쾌감의 폭발'이라는 도파민적 차원이 존재합니다. 소비를 하면 할수록 쾌감이 증대되고, 더 많은 쾌감을 느끼기 위해 소비에 몰두한다는 겁니다. 물론 보드리야르가 소비와 쾌감의 상관관계에 대해 직접적으로 언급하지는 않았습니다. 하지만 소비에 유희적 요소가 존재한다는 점을 적시하고 있죠. 소비가 일종의 놀이라는 것입니다. 어떠한 놀이냐? 차이의 놀이죠.

사물이 단순한 사물로서 머무는 것이 아니라 차이를 표시하는 기호로
재인식되면서 소비에 몰두하게 된다는 겁니다.

　보드리야르가 보기에 사람들이 어떤 물건을 소비하는 것은 그것의
실용적 효용 때문이 아니라 그 사물이 지시하는 차이성을 획득하기
위함입니다. 이때 사물은 단순히 사물이 아닌 차이성을 표기하는 기
호가 되죠. 그 물건을 갖고 있는 사람은 자신이 타인과는 다른 존재임
을, 즉 자신의 차이성을 지속적으로 표기하는 기호를 갖고 있는 셈입

니다. 차이성을 드러내는 기호를 많이 확보하면 할수록 자신은 돋보이게 되죠. 이 경험이 쾌감을 선사하게 되고 소비라는 유희에 빠지도록 만드는 것입니다.

구조주의 언어학

◇ ◇ ◇

보드리야르의 초기 이론은 구조주의의 영향을 받아서 전개되었습니다. 소비사회에 대한 분석도 구조주의적 관점에서 이루어지죠. 따라서 보드리야르의 이야기를 이해하려면 구조주의 언어학에 대해 간략하게나마 알아야 합니다.

구조주의 언어학을 제창한 페르디낭 드 소쉬르Ferdinand de Saussure, 1857~1913는 랑그langue와 파롤parole을 구분합니다. 랑그란 언어 공동체 구성원들이 공유하는 언어 규칙 체계입니다. 파롤이란 화자 개인들이 저마다 발화하는 언어 방식이죠. 랑그는 사회적 언어 체계로 구조화되어 있습니다. 랑그라는 구조는 개별적으로 언어를 발화하는 이들에 대해 독립적으로 존재합니다. 그리고 개별 화자들은 이 구조의 체계 내에서 발화를 하면서 살아가죠. 발음이야 각각 다를 수 있습니다. 하지만 랑그가 부여한 규칙을 따르지 않고 구조 밖에 서 있게 되면 언어 공동체의 동료들과 소통할 수 없습니다. 따라서 각 화자들은 구조에 복종하게 됩니다. 개체는 언어 구조인 랑그의 체계 안에서 말하고 그 안에서만 존재할 수 있습니다.

　랑그는 기호의 체계를 이룹니다. 그리고 언어라는 기호는 기표^{signifiant}와 기의^{signifié}가 자의적으로 결합된 것입니다. 기표란 음성으로 표현된 모습이고, 기의란 기호의 의미를 뜻합니다. 예를 들어 '송아지'라는 언어 기호를 발음한 것이 기표인데, 이 기호의 의미인 기의는 들판에서 풀을 뜯고 있는 진짜 송아지를 말하는 것이죠. 그런데 소쉬르에 따르면, 어떤 기표의 기의는 그 기표와 그것이 지시하는 실제 사태의 직접적 관계에서 규정되는 것이 아닙니다. 뭔 말인고 하니, '송아지', '강아지', '망아지'가 각기 다른 기의를 갖는 까닭은 저 기표들이 실제 사물을 직접 가리키고 있기 때문이 아니라, 각 기표들이 기호들의 체계 내에서 다른 기표들과 차이 관계를 맺고 있기 때문이라는 것이죠. 각 기표들은 언어 기호 체계 내에서 다른 것으로 인식되면서 각기 다른 방식으로 활용되고 있고 이러한 상이한 활용 방식이 우연히 실제 사물과 접합하면서 의미가 규정된다는 발상입니다. 이렇게 보자면 기표의 의미값은 실제 사물과의 접촉에서 규정된다기보다는 일차적으로는 랑그라는 구조 내에서 맺어지는 기표들 간의 차이 관계 속에서 정해집니다. 결과적으로 구조가 우선적이라는 셈이죠.

기호 가치

보드리야르는 구조주의 언어학의 아이디어를 현대 자본주의 사회 분석에 도입합니다. 그가 보기에 자본주의 사회에서 사물의 교환관계는 기호 관계와 같이 이루어지고 있습니다. 보드리야르에 따르면 현대 사회에서 사물은 물리적 특성만을 지닌 대상으로서만 취급되지 않습니다. 사물의 물질성에 기대어 취급되거나 교환되는 것만이 아니라 기호로서 교환되고 있다고 합니다. 즉 사물을 기호로 인식하는 사회가 되었다는 것이죠. 사물의 기호성에 대해 보드리야르는 다음과 같이 말합니다. "세탁기는 도구로서 쓰이는 동시에 행복, 위세 등의 요소로서의 역할도 한다. 바로 이 후자의 영역이 소비의 영역이다. [마찬가지로] …… 다른 모든 종류의 사물들이 [행복, 위세, 풍요로움 등과 같은] 의미 표시적 요소로서의 세탁기를 대신할 수 있다."

어렵죠? 아이폰으로 예를 들어 보겠습니다. 현대인에게 아이폰이라는 사물은 단순히 성능 좋은 통신 기기로만 인식되지 않습니다. 아이폰이 어떤 의미를 표시하는 기호로 작용하기도 하죠. 내가 산 아이폰이 단지 용도를 갖춘 물질인 스마트폰으로만 인식되는 것이 아니라 물리적 용도를 넘어선 기호로서 인식된다는 뜻입니다. 현대 사회에서 아이폰을 갖고 있는 사람들은 단순히 스마트폰 사용자로서 인식되는 것이 아니라 '첨단, 혁신, 창조성, 고급, 개방성' 등의 의미를 소유한 사람들로 여겨지는 경향이 있습니다. 꼭 그렇다는 건 아닙니다. 특

❝
쇼핑은 자신과 타자를 구별하는 기호 코드를 소비하는 행위로 이어지기도
한다. 쇼핑을 통해 기호 가치를 소비하는 사회에서 개인의 정체성은 소비를
통해 드러난다. "나의 소비가 곧 나다."
❞

히 '아이폰 유저'와 '샤오미 사용자'가 같은 자리에 있게 되면 두 기호
의 차이성은 극명하게 드러나기도 합니다. 물론 꼭 그렇다는 건 아닙
니다. 샤오미를 폄하하려는 의도는 없습니다. 어쨌든, 여기서 발생한
차이성이 각 사물, 아니 정확히 말해서 각 기호의 가치를 규정하게 합
니다.

차이의 욕구

여기서 소비에 대한 현대인의 욕구에서 나타나는 독특성이 발견됩니다. 그것은 물리적 효용에 대한 욕구가 아니라 비물리적 차이에 대한 욕구입니다. 소비사회에서 사물은 실용적 효용을 지닌 물품으로 거래되지 않습니다. 이제 그것은 차이 표시 기능을 가진 일련의 사물들 중 하나로 구매됩니다. 사정은 예술품도 마찬가지입니다. 대량 복제된 예술품은 그 자체의 고유한 의미, 즉 예술적 효용에 감동한 사람들에 의해 구매되는 것이 아닙니다. 예술 작품은 교양 시민으로서 인정받을 수 있는 일군의 문화적 지표 상품으로서 구매됩니다. 작품 자체에 대한 애정, 의미 추구, 성찰, 완상 등은 소비 활동에서 추구되지 않습니다. 우리가 소비하는 것은 작품이라는 기호가 표시하는 차이성의 의미이기 때문입니다.

비판적 시사 잡지나 고급 교양 도서를 소비하는 목적도 같습니다. 그 잡지가 함유하고 있는 교양의 전수 및 함양에 있는 게 아니죠. 이 잡지나 책을 옆구리에 끼고 다닌다는 것은 이러한 매체들의 독자와 한 패가 되는 즐거움을 얻는 것이며, 경제적, 심리적, 지적 장벽 등 때문에 그 잡지를 소비할 엄두를 내지 못하는 이들과 구별될 수 있는 욕구를 충족시키기 위함입니다.

얼리어답터도 실제로는 물건에 대한 욕구가 아닌 그 물건이 표시하는 차이성에 대한 욕구를 충족시키기 위해 소비를 합니다. 얼리어답터들은 첨단 전자 기기를 구매하여 활용함으로써 전자 기술의 달인인 양 행세합니다. 그러나 이것은 실제로는 위세 표시 기호의 구매 및 조작 행위에 불과합니다. 그의 기술적 지식이란 결코 뛰어나지 않습니다. 다만 그러한 지식을 갖추고 있는 듯이 보이도록 연출함으로써 타인과 자신을 현혹시키는 것입니다. 이것은 일종의 마술가적 행동입니다. 표면적으로는 신기술에 대한 호기심으로 나타나지만 실상 그는 차이성에 대해 갈구하고 있습니다. 얼리어답터들의 첨단 전자 기기는 차이 표시 놀이의 도구일 뿐입니다.

이상에서 본 바와 같이 현대 소비사회의 인간들은 물품 그 자체가 지닌 의미, 용도 등에 관계하지 않습니다. 의미에 대한 진지한 내면화나 의미의 발생 자체에 관심을 두지 않습니다. 간혹 발견되는 의미라는 것은 피상적으로 부유할 뿐입니다. "소비의 논리 전체가 외면성에 존재하고 있"다는 것은 바로 이러한 사태를 말하고 있는 것이죠. 소비사회의 현대인들은 그저 각 기호들이 표기하는 차이 관계의 변동을 따라가며 열광하고 있습니다.

차이 아닌 몰개성

현대인의 소비가 차이성을 지시하는 기호에 대한 소비라는 점은 이제 어느 정도 이해할 수 있게 되었습니다. 그렇다면 우리는 이렇게 생각할 수 있어요. '보드리야르의 이 이론은 소비 활동에서 개성을 추구하는 현대인에 대한 헌사로구나.' 하지만 그건 오해입니다. 오히려 보드리야르가 보기에 차이성을 확보해 주는 기호사물을 소비하는 것은 몰개성적 활동입니다. 앞에서 보드리야르의 소비사회 분석론은 구조주의의 영향을 받았다고 말했습니다. 그리고 구조주의 언어학에서 의미는 언어 기호 구조 내에서의 기호들 간의 차이 관계 속에서 규정된다고 하였습니다.

사물의 소비에서도 마찬가지입니다. 차이성을 확보해 주는 것은 개성을 찾고자 하는 소비자의 주체적 활동이 아닙니다. 오히려 차이성은 개성을 확보하려는 주체의 욕구에서가 아니라 기호사물 구조 내에서 자체적으로 형성됩니다. 아이폰을 사서 남들과 달라 보이려는 소비자의 주체적 욕구는 사실 자기의 것이 아닙니다. 남들과 달라 보이려는 차이성의 욕구는 사실 기호사물들의 차이 구조 속에서 이미 설정되어 있던 것입니다. 우리는 그저 이미 설정되어 있는 차이 코드를 해독해서 그것에 걸맞은 물품을 구매하고 착용하는 것뿐이죠.

소비 사물들은 파노플리panoplie로서 이미 계열화된 구조를 형성하고 있습니다. 단어 하나하나의 배치 구조가 전체 의미를 구성하듯이 소비 사물 하나하나가 어떻게 배열되고 있는가에 따라 상이한 의미가 창출됩니다. 우리는 능동적으로 사물을 선택하는 것이 아닙니다. 이미 일정한 계열 구조를 이루고 있는 사물의 배치에 우리의 육체를 끼워 맞춥니다. 그리하여 타인의 육체에 부착한 기호와 내 몸에 붙인 기호를 구분합니다. 차이성은 인간의 주체적 표현에서 발생하는 것이

| B급 철학 |

66

개인의 차이성은 스스로의 주체적 표현을 통해 발생하지 않는다.
차이성은 타인의 육체에 부착된 기호와 내 몸에 부착된 기호 사이의
관계에서 발생한다.

99

아닙니다. 내 몸에 붙인 기호사물이 속한 코드와 타인의 육체에 부착
된 기호사물이 속한 코드 사이의 차이 관계에서 발생할 뿐이죠. 이것
을 우리는 '개성'이라고 말할 뿐입니다.

　우리는 우리의 의지에 따라 쇼핑하고 소비하는 듯 보이지만 사실은
기호 코드가 지시하는 구조의 힘에 봉사하고 있습니다. "자기를 타자
와 구별하는 것은 바로 어느 한 모델과 일체가 되는 것……이며, 따라

서 바로 그러한 방법으로 실제의 모든 차이와 특이성을 포기하는 것이다"라는 보드리야르의 말은 바로 이러한 의미에서 해석될 수 있습니다. 따라서 차이는 어떤 한 사람이 보유한 개인적 특징을 의미하는 것이 아닙니다. 오히려 차이는 그가 코드에 복종한다는 점을, 가치들의 유동적 서열에 우리들이 통합되고 있다는 점을 나타냅니다.

이렇게 보자면 개성을 드러내려고 하는 현대인의 소비는 겉으로만 주체적일 뿐, 실제로는 구조의 규칙을 준수하는 행동일 뿐입니다. 그리고 현대인의 일상은 이러한 소비 활동의 전면적 지배를 받고 있죠. 그렇게 볼 때 현대인은 이미 주체성을 상실한 존재가 되었습니다. '주체의 죽음'이라는 현대 철학의 주요 화두가 여기서도 발견됩니다.

기호들의 속삭임, 기호들의 함성

◇ ◇ ◇

보드리야르의 말대로 기호로서의 각 사물이 다른 사물들과 상이하게 배치되면서 관계를 맺는 구조 내에서 개성과 차이성이 규정된다고 한다면, 주체의 위상은 처량해지기만 합니다. 소비의 사회에서 인간의 주체적 의지와 목소리는 존재할 수 없다는 진단을 내리고 있으니까요. 소비의 사회에서 '목소리의 주권'을 가진 쪽은 인간이 아니라 기호사물의 구조입니다. 각 사물은 다른 사물과 만나면서 자신의 기호를, 더 정확히 말하자면 음성 기호로서의 기표가 되면서 자기를 호명합니다. 기호로서의 사물들이 서로 만나 기표로서의 제 이름을 부르짖게 되면 세상은 온통 기호사물의 목소리로 채워지게 됩니다. 현대인들은 사물들이 서로 만나며 제각기 차이성을 질러대는 기호의 목소리에 넋을 잃고 따라다니죠. 마치 세이렌의 노래에 혼을 빼앗기듯이 소비사회의 현대인들은 기호의 함성에 넋을 놓고 흘러 다닙니다. 「시체들의 새벽」에서 쇼핑몰을 부유하는 좀비들은 현대인의 이러한 처지를 절묘하게 보여 주고 있습니다.

결핍의 악순환, 인간 존재의 위기

포틀래치 축제를 열어 재화의 교환과 순환을 시도하는 선물경제 사회에서는 재화의 교환관계가 거듭될수록 풍요로워집니다. 선물의 증여를 통해 구성원들이 얻는 것은 물품만이 아닙니다. 오히려 풍요로움을 선사하는 것은 이웃이 우리에게 준 풍성한 마음입니다. 이 풍성한 마음은 선물 증여 활동이 거듭될수록 커져서 온 사회를 풍요롭게 합니다. 아울러 구성원들의 연대적 관계는 더욱 강화됩니다.

반면에 현대 사회에서는 교환관계가 거듭될수록 결핍이 증대됩니다. 생산자본주의 사회에서는 재화의 독점적 축적 때문이었습니다. 소비자본주의 사회에서의 결핍 현상은 물리적 재화의 독점적 축적뿐 아니라 기호가치의 빠른 변동에서 발생합니다. 현대인들은 소비를 통해 차이성을 지닌 기호사물을 획득합니다. 더 많은 기호사물을 더 빠르게 입수할수록, 그리고 기호사물의 가치를 선구적으로 해독할 수 있는 비법을 갖출수록 기호가치의 축적 기회는 늘어납니다. 그러기 위해서는 순식간에 변동하는 기호 코드의 추이에 항상 주목해야 합니다. 그리고 코드의 목소리에 귀 기울이며 그것의 명령에 신속히 반응해야 합니다. 기호의 변동에 신속하게 반응하지 못하면 차이성의 경쟁에서 패배하게 됩니다. 그런데 기호 코드의 빠른 변동은 차이 경쟁에서의 승리를 영속화하지 못합니다. 차이 경쟁에서 언제 뒤처질지 알 수가 없기 때문입니다. 이 불안감은 결핍감을 증대시킵니다. 차이성을 확보해 주는 기호가치를 획득하면 일시적으로는 풍요로운 마음을 얻을 수 있습니다. 그러나 이 활동에 전념할수록 불안감과 결핍감이 더욱 커지는 역설이 발생합니다.

소비사회의 인간이 직면하고 있는 더 큰 문제는 인간 존재 방식의 위기입니다. 이것은 소비사회의 정착으로 인해 인간의 존재 조건이 변화하면서 맞이하게 된 문제입니다. 제가 앞에서 소비사회에서는 기호사물의 목소리가 가득하다고 말했습니다. 그리고 현대인은 기호사물의 목소리에 귀 기울여야 차이 경쟁에서 뒤처지지 않을 수 있다고 말했습니다. 이것은 인간과의 관계보다는 기호사물과의 관계를 우선시하면서 살아가는 것을 의미합니다. 인간의 목소리보다는 사물의 목소리에 귀 기울이고, 인간의 규범보다는 사물의 코드를 준수하면서 사는 겁니다. 이러한 삶은 인간을 사물에 대한 맹목적 추종으로 이끔니다. 마르크스가 경고한 물신 현상이 기호가치를 추구하는 소비자본주의에서도 여전하다고 말할 수 있습니다. 또한 소비사회의 삶은 공동체적 존재로서의 인간의 위상을 망각하게 만듭니다.

기호사물과의 관계를 우선한다는 것은 인간과 인간 사이의 연대적 관계를 이차적인 것으로 만들죠. 아리스토텔레스에 의하면 인간은 정치적 동물입니다. 이 말을 현대적 의미로 해석하면, 인간은 단독자로서 혼자 존재할 수 없다는 것이죠. 인간은 타인과 연대적 관계를 맺고, 자신의 탁월한 점과 모자란 점을 서로에게 공개하면서 협력할 때 비로소 인간으로서 존재할 수 있다는 말입니다.

아리스토텔레스가 살았던 고대 그리스에서는 폴리스라는 정치의 공간이 바로 위와 같은 연대적 삶을 보장하는 유일한 장소였습니다. 그래서 정치적 공간에서 행위하는 삶이 인간의 본질을 드러내는 존재방식이라고 말했던 것입니다. 이러한 사고방식은 개체적 삶의 양식이 지배적인 근대 사회에서는 현실성이 없다고 볼 수도 있습니다. 그러나 역설적으로 개체적 삶의 양식이 지배적이기 때문에 연대적 존재조건에 대한 요구가 강하게 요청된다고 볼 수도 있습니다.

현대 사회에 대한 보드리야르의 전망은 다소 비관적입니다. 이 사람의 이론은 현대적 문제점을 드러내는 데 대단히 유용합니다만 대안의 제시라는 측면에서는 만족스럽지 않습니다. 파국으로 치달아 가는 세상을 안타까워하는 예언자라고나 할까요? 대체로 지식인의 역할은 이렇습니다. 대안은 현자의 지혜가 아니라 사람들의 행위에서 나오는 것이죠. 그나마 우리를 혼란스럽게 하는 문제점은 알게 되었으니 다행 아닌가요?

지금까지 보드리야르의 소비사회론에 대해 이야기했습니다. 영화 얘기를 많이 곁들여야 했는데 그러지 못해서 아쉽습니다. 하지만 이제까지의 이야기를 바탕으로 해서 이 영화를 보신다면 색다른 재미를 맛보실 수도 있을 듯합니다. 늦은 시간까지 귀 기울여 주셔서 감사합니다.

2

현대의 불안, 약자의 연대?

영화 「어벤져스」

———

찰스 테일러 『불안한 현대 사회』

유현상

「어벤져스」

「어벤져스The Avengers」는 마블 스튜디오가 제작한 조스 위던 감독의 슈퍼 히어로 영화이다. 2012년 개봉되었으며 마블 코믹스의 동명의 슈퍼 히어로 팀을 바탕으로 하고 있다. 마블 코믹스는 DC코믹스와 더불어 미국 만화의 양대 산맥이라고 할 수 있는 만화 출판사이다. 마블 코믹스의 유명 캐릭터들은 대부분 영화에 의해서 다시 탄생하는데, 「어벤져스」는 그중 슈퍼 히어로인 캡틴 아메리카, 아이언맨, 토르, 헐크, 호크아이, 블랙 위도우가 S.H.I.E.L.D.의 국장 닉 퓨리의 주도하에 팀으로 뭉쳐 로키와 치타우리 종족으로부터 지구를 지킨다는 내용을 담고 있다. 「어벤져스」는 개별적인 작품들 속에 주인공으로 등장하는 슈퍼 히어로들을 팀으로 묶어 거대한 악에 맞서 싸우게 만든다는 내용의 설정으로 담고 있다. 2015년에는 속편이라고 할 수 있는 「어벤져스: 에이지 오브 울트론The Avengers: Age of Ultron」이 제작되었으며, 이후 시리즈물로 계속 이어질 것으로 예상된다.

찰스 테일러

찰스 테일러Charles Margrave Taylor 1931～는 캐나다의 철학자이다. 테일러는 마이클 샌델 · 알래스데어 매킨타이어 · 마이클 왈저 등과 함께 대표적인 공동체주의 사상가로 꼽는다. 공동체주의자들은 인간을 '자신이 속해 있는 문화공동체, 언어공동체와 본질적으로 관련되어 있으면서 바로 그 공동체들을 창조해 내고 유지하는 존재'로 보는 것이다. 전통적으로 자유주의에서는 개인의 자율성을 강조하는 데에 반해, 공동체주의에서는 공동체 의존적인 개인을 말함으로써 개인과 사회의 간극을 메울 수 있다고 본다. 공동체주의에서는 대체로 공공의 목적이나 공동선에 의거하지 않는 정치 체제를 정당화할 수 없다는 입장을 갖고 있으며, 공적인 삶에 참여하지 않고는 자아를 형성할 수도 생각할 수도 없다고 본다. 테일러는 '언어공동체 속의 자기 해석적 동물'이나 '문화공동체에 있어서의 존재'로 보는 인간관에 바탕하여 현대 사회와 그 속에서 살고 있는 위기를 헤쳐 나갈 수 있는 방안을 탐색하는 연구를 지속적으로 수행하고 있다.

대중문화, 어떻게 이해할까?

◇ ◇ ◇

우리가 일상적으로 자주 사용하는 말 중에 '문화'라는 말만큼 그 의미가 다양하게 사용되는 말도 흔치 않을 것입니다. 잘 알려져 있다시피 영어의 '문화'에 해당하는 말인 'culture'는 원래 '밭을 갈다'라는 뜻이지요. 아마도 인류가 수렵 채취를 벗어나 농사를 지으면서부터 비로소 문화적 삶을 영위한 것으로 간주했기 때문에 'culture'를 문화라는 말로 사용했으리라 짐작할 수 있습니다. '문화'는 인류의 삶을 물질적 성과로 표현하는 '문명'과 대비되는 정신적 삶을 표현하는 의미로 사용하기도 하고, 인간의 미적 욕망과 품위 의식을 표현하는 모든 삶의 방식을 의미하는 말로 사용하기도 합니다.

또한 특정한 시대나 지역을 대표하는 문화의 명칭은 그 시대와 지역의 주류를 알 수 있게 하는 단서이기도 합니다. 조선시대를 대표하는 문화를 양반 문화 혹은 사대부 문화라고 할 수 있다면, 조선 사회를 움직이는 주류는 사대부 혹은 양반입니다. 또한 서양 중세를 대표하는 문화를 기독교 문화라고 한다면 서양 중세의 주류 세력은 기독

> 66
>
> 대중문화는 고급문화와 대비되는 문화 영역으로 취급된다. 이는
> 단지 이 문화를 생산하고 향유하는 주체가 대중임을 의미할 뿐
> 이것이 고급과 저급의 기준이 되지는 않는다.
>
> 99

교와 교회라고 보아야 하겠지요. 이에 비해 오늘날을 대표하는 문화
는 대중문화입니다. 그렇다면 오늘날 사회를 움직이는 주류는 대중이
라고 할 수 있으며, 따라서 현대 사회의 주류는 대중이라고 보아도 무
방할 것입니다. 말할 것도 없이 대중문화는 대중이 생산하고 향유하
는 문화이며, 우리는 모두 대중이라는 점에서 현대인 모두가 누리는
문화입니다.

　대중문화는 의미상 고급문화와 대비되는 문화 영역으로 취급됩니

　　　　　　| B급 철학 |

다. 하지만 이러한 대조는 다소 어울리지 않아 보이기도 합니다. 왜일까요? 대중문화라는 명칭은 문화를 생산하고 향유하는 주체가 대중이라는 정보를 표현하고 있지만 고급문화는 문화의 질적 수준에 대한 정보를 표현하는 명칭이기 때문입니다. 그럼에도 이 두 용어가 대조적인 명칭으로 사용되는 데는, 대중문화를 저급한 문화라고 보는 전제가 있기 때문이라고 보아야 할 것입니다. 이러한 구분이 다소 불쾌감을 주기도 할 겁니다. 그렇다면 저급한 문화를 즐기는 사람은 수준이 낮다는 의미로 들릴 수 있으니까요. 그러나 그리 불쾌하게 받아들일 필요는 없습니다. 고급문화를 누릴 수 있었던 신분 사회에서의 귀족들은 일을 하지 않아도 되는 한가한 사람들이었기 때문에 고급문화에 몰두할 수 있었던 것일 뿐입니다. 좀 더 심하게 표현하자면 피지배계급의 노동에 기생해서 살았기 때문이라는 것입니다. 오늘날에도 따지고 보면 대중들이 고급문화를 누리지 못하는 것은 대중들 자신의 탓은 아닙니다. 또한 대중문화가 저급한 수준의 문화인가 하는 문제는 논란의 여지가 많은 문제이기도 합니다.

B급 문화로서의 슈퍼 히어로 영화

◇ ◇ ◇

우리가 누리는 대중문화 중에서도 'B급 문화'라고 불리는 장르가 있

> ❝
> B급 문화 장르의 공통점은 비현실적인 이야기가 자유롭게
> 구사된다는 것이다. B급 문화에서는 인간의 문화적 상상력이 제한
> 없이 발휘된다.
> ❞

습니다. 'B급'이라는 말은 수준이 낮고 저급한 것을 가리키는 듯한 느
낌이 듭니다. 물론 그런 의미가 전혀 없다고는 할 수 없습니다. 하지
만 그런 의미보다는 주류문화가 아닌 다소 주변적이며 상품으로서의
문화라는 차원에서 보자면 시장 규모가 크지 않은 대중문화의 주변
장르를 지칭하는 의미로 보는 것이 더 적절할 것입니다. 코믹스 혹은
만화는 판타지나 SF 장르와 더불어 전형적인 B급 문화에 속하는 영역
으로 분류되었습니다. 그런데 그러한 B급 문화의 약진이 놀랍습니다.

한동안 B급 문화는 일부 마니아의 문화로 여겨지기도 했으나 최근에는 대중의 커다란 관심을 받고 있습니다. 이제는 대중문화의 중심으로 자리 잡고 있는 것이 아닌가 하는 생각이 들 정도입니다.

그런데 B급 문화의 부각은 전혀 이상한 일은 아닙니다. 인류 역사에서 B급 문화와 같은 요소를 가진 문화유산은 아주 오래전부터 생겨났기 때문입니다. 앞에서 말한 B급 문화에 속하는 장르들의 공통점 중 하나는 합리성의 기준으로 평가할 때 황당하리만큼 비현실적인 이야기들을 자유롭게 구사한다는 점입니다. 달리 말하면 인간의 문화적 상상력이 제한 없이 발휘된 결과라고 할 수 있다는 것입니다.

따지고 보면 신화 역시 같은 특징을 가지고 있습니다. 실제로 영화 「어벤져스」의 멤버 중 '토르'라는 캐릭터는 북유럽 신화에 등장하는 천둥의 신입니다. 마법이나 상상의 동물들이 등장하는 고대와 중세의 이야기도 마찬가지입니다. 우리의 전설은 또 어떻습니까? 꼬리가 아홉 개 달린 여우의 이야기나 인간으로부터 도움을 받은 동물이 은혜를 갚았다는 이야기는 말할 것도 없고, 홍길동이나 전우치 이야기도 마찬가지지요. 심지어 위대한 문학작품으로 꼽히는 단테의 『신곡』이나 세르반테스의 『돈키호테』 역시 자유로운 상상력을 기반으로 한 판타지적인 특징을 가지고 있습니다.

오늘날의 B급 문화와 같은 상상력을 바탕으로 한 과거의 문화들은 저마다 시대상을 반영한다는 의의를 지니고 있습니다. 또한 그 시대의 인류가 직면하고 고민했던 삶의 문제가 무엇인가를 알려주는 단서가 됩니다. 그렇다면 우리가 지금 주목하고 있는 B급 문화 역시 그러한 관점에서 살펴볼 필요가 있는 셈이지요. 여기서는 최근 상업적으로 가장 큰 성공을 거두고 있는 블록버스터 영화의 소재로 많이 등장하는 슈퍼 히어로들을 살펴보겠습니다.

슈퍼 히어로 영화들은 아이들이나 청소년만이 아니라 성인들이 즐기기 위한 판타지로 안성맞춤인 셈입니다. 사실 대부분의 어른들 역시 어린 시절의 판타지를 간직하고 있으며, 슈퍼 히어로 영화들은 B급 문화의 복합적 요소들을 구비하고 있기 때문입니다. 대부분 만화를 원작으로 하고 있다는 점에서 태생부터 B급 문화에 속합니다. 판타지와 SF의 결합이라고 하는 점에서도 그렇지요. 또한 문화의 한 장르로서 슈퍼 히어로 영화들은 대체로 선악의 구도가 단순합니다. 그런 점에서 상상력은 자유롭게 반영되어 있지만 이해하기 어려운 이야기 구도를 갖고 있지 않습니다. 단순한 구도가 유치하다는 평가를 받는 원인이 되기도 하지만 사실 누구나 즐길 수 있는 가능성을 열어 놓는 셈이지요. 이러한 점이 문화가 갖는 보편성 중에 하나일 것입니다.

보편성은 텍스트에 대한 공감을 가능하게 하는 원천이라고 할 수 있는데 가장 폭넓은 의미의 보편성은 시간과 공간의 제약을 넘어서는 것입니다. 여기서 공간적 제약을 넘어선다는 것은 쉽게 말해 상상력의 공간적 배경이 지구 차원을 넘어선다는 의미입니다. 시간적 제약을 넘어선다는 것은 신화와 같은 이야기들이 만들어지던 시대로부터 미래로까지 이어진다고 생각하면 될 것입니다. 또한 개인적 시간의 차원에서 보자면 판타지는 아동기부터 연원하기도 합니다. 아동기적 상상은 한편 인간의 근원적 불안 의식을 원형적으로 보여 주는 것으로 생각해 볼 수 있습니다. 어떤 측면에서 보면 친구들에게 괴롭힘을 당하는 아이에게 군대에 있는 삼촌 역시 슈퍼 히어로와 다를 바 없는 존재가 아닐까요?

사실 합리적인 사유가 등장하기 이전에 형성된 신화 등이 만들어진 시대의 인류를 개인의 생애라고 하는 주기에 맞추어 생각해 본다면, 아동기에 속한다고 할 수 있을 것입니다. 인간의 힘으로는 어찌해 볼 수 없는 자연 현상은 인간을 비롯한 모든 생명에게 축복인 동시에 재앙의 근원이기도 합니다. 인간의 힘과 지혜를 능가하는 자연의 위력은 인간으로 하여금 무력감을 느끼게 하고 불안에 빠지게 합니다. 인간에게 원형적인 불안 의식이 있는 이유는 우리 인간이 자신의 한계 상황을 알고 있기 때문입니다. 자신의 한계에 대한 인식은 그 한계를 극복할 수 있도록 하는 수단에 대한 염원을 갖게 합니다. 영화 속에서 등장하는 슈퍼 히어로들의 역할이 보통의 인간들이 해결할 수 없는 문제를 해결해 주는 것임을 생각해 보면 슈퍼 히어로의 존재는 불안 의식에서 비롯된 상상의 산물이라고 할 수 있습니다. 하지만 아동기의 상상력이 성인이 되었을 때 잘 발동하지 않는다고 해서 성인에게 불안 의식이 없다고 할 수는 없습니다. 다만 자신의 문제를 해결해 줄 슈퍼 히어로가 존재하지 않는다는 사실을 깨달은 것뿐입니다.

평범한 인간이 초능력을 가지게 된다면?

◇ ◇ ◇

여러분들은 자신에게 초능력이 주어진다면 무엇을 하겠습니까? 사실 이 질문은 많은 사람들이 어렸을 때 한 번쯤은 상상해 보았음직한 문제 아닙니까? 스스로 슈퍼 히어로가 되든 아니면 슈퍼 히어로가 자신의 편이 되는 상상이든 그것은 욕망의 표현이기도 합니다. 또한 앞서 말한 대로 인간의 능력과 힘으로 대응할 수 없는 삶의 문제에 대한 위기 의식의 표현이기도 합니다.

고대 그리스 아테네의 철학자 플라톤의 『국가』에 등장하는 전설 '기게스의 반지'와 우리나라의 전래 동화인 '도깨비 감투' 이야기는 일종의 초능력을 얻게 되는 인간의 이야기를 담고 있습니다. 『국가』에서 평범한 목동이었던 기게스는 우연히 다른 사람의 눈에 보이지 않게 하는 힘을 가진 반지를 얻게 됩니다. 그런데 그는 그러한 능력을 남을 돕는 데 사용하거나 악을 응징하는 능력으로 사용하지 않고, 자신의 욕망을 실현하는 수단으로 사용합니다. 반면 '도깨비 감투' 이야기에서 주인공은 쓰기만 하면 다른 사람 눈에 안 보이게 하는 감투를 이용하여 선한 목적을 실현하는 데 그 능력을 활용합니다. 여러분들은 과연 어떻게 하겠습니까? 사실 이기적인 목적으로 활용하지 않을 자신이 없지 않나요?

영화 「반지의 제왕」에 나오는 절대반지 역시 이와 유사한 맥락을 상

| B급 철학 |

“

우연히 남들에겐 없는 능력이 생긴다면, 우리는 그것을 어떻게
사용할까?

”

징합니다. 절대적 힘을 줄 수 있는 반지는 축복이 아니라 재앙입니다. 그래서 세상의 선한 질서를 구축하고자 하는 사람들에게 절대반지는 없애야 하는 물건인 것입니다. 그러나 그것이 반지의 잘못은 아니지요. 「반지의 제왕」의 작가인 톨킨은 아마도 인간이라는 존재 안에 들어 있는 근원적인 악을 경계하려는 의도를 담지 않았나 생각해 봅니다. 투명인간을 소재로 한 영화 「할로우맨」에서 투명인간 프로젝트를 수행하던 연구원 중 한 명인 카인(구약성경 「창세기」에서 자신의 동생 아벨을 죽여 최초의 살인자로 기록된 형의 이름과 같습니다)이 투명인간이 되어 자신의 사악한 욕망을 채우려 하는 설정 역시 이와 같은 맥락입니다.

　하지만 엄밀하게 말해 초능력은 그 자체로는 가치 중립적입니다. 즉 문제는 인간의 마음과 의지에 따라 초능력이 축복일 수도 있고 재앙일 수도 있다는 것입니다. 그러나 실재 현실에서 평범한 인간에게 초능력이 부여되는 일이 벌어진다면 단언하기는 어렵겠지만 축복스러운 일로 귀결되기는 어려울 것입니다. 간접적인 추측을 한 번 해볼까요? 저를 포함해서 많은 사람이 한 번쯤은 거액이 걸린 복권에 당첨되는 상상을 해보았을 것입니다. 그러한 상상은 초능력을 얻어 슈퍼 히어로가 되는 상상보다는 실현 가능성이 높습니다. 아니 실제로 이루어지고 있습니다. 그런데 알려진 바에 따르면 복권에 당첨되어 행복해진 사람보다는 불행에 빠진 사람들이 많다고 하더군요. 미국의 사례에서는 복권에 당첨된 후 당첨 금액의 상당 부분을 기부한 사람들은 매우 행복한 삶을 영위하고 있다고도 합니다.

사실 갑작스러운 행운은 평정심을 잃게 만들고 더 큰 욕망을 만들어 낼 위험이 있습니다. 초능력의 경우도 마찬가지 아닐까요? 물론 자신이 행복해지는 문제와 타인을 위해 헌신하는 경우를 완전히 동일한 사안으로 고려할 수는 없습니다. 그러나 초능력을 얻었을 때 선을 행하기 위한 수단으로 사용하려는 경향을 가진 사람들은 복권에 당첨되어도 유사한 선택을 하려는 경향이 강할 것이라고 기대해 볼 수는 있겠지요. 역으로 복권에 당첨된 후 더욱 욕망을 키워 가는 사람이라면 초능력을 얻게 되어도 같은 선택을 하리라고 짐작할 수 있을 것입니다.

이 글에서 다루는 문제 의식인 인간의 불안 의식과 연관하여 생각한다면 행복이라고 하는 마음 혹은 삶의 상태는 불안이 없는 상태라고도 표현할 수 있을 것입니다. 그런데 인간에게 불안은 결코 사라지지 않습니다. 도처에 널려 있는 위험과 삶을 위태롭게 만드는 정치적·경제적·사회적 요인에 둘러싸여 있는 것이 인간의 삶이기 때문입니다. 그러한 위협들은 개인의 노력만으로 결코 해결될 수 없습니다. 예를 들어 성적에 대한 불안은 상대적으로 학업 성취도를 평가하는 경쟁적 교육 현실에서 타자와의 관계가 결정합니다. 아무리 나 자신이 노력을 한다고 해도 다른 사람이 더 나은 성취를 하면 어찌할 도리가 없는 것이지요. 경제적인 문제도 다르지 않습니다. 시장의 논리는 그 자체가 경쟁의 논리입니다. 그렇다면 불안을 극복할 수 없는 한 행복한 삶의 상태는 성취 불가능한 삶의 목표가 됩니다. 불안을 최소

화할 수 있다면 완전하지는 않아도 불행의 요소를 줄일 수는 있을 것입니다.

그런데 불안을 최소화할 수 있는 방법이라는 것은 도대체 뭘까요? 도대체 그러한 방법이 있기나 한 것일까요? 결론부터 말하자면 불안을 최소화할 수 있는 방법은 존재하지만 문제는 그 방법을 실천하기가 쉽지 않다는 것입니다. 자신을 괴롭히는 친구들이 있으면 군대에 있는 힘센 삼촌을 떠올리며 불안함을 잠재울 수는 있지만 실제 대부분의 삼촌은 그러한 기대를 충족시켜 주지 않습니다. 삼촌은 대부분의 시간을 군대에서 보내고 있기 때문입니다. 현대인들은 자신이 속한 공동체가 자신의 삶의 문제를 해결해 주길 원하지만 우리 사회는 그러한 역할을 충족시켜 주지 못하는 경우가 더 많습니다. 그럼에도 우리의 삶은 공동체를 기반으로 할 때 그나마 불안을 줄일 수 있습니다.

공동체적인 삶은 삶의 안정성을 강화시켜 줍니다. 그러나 공동체에 속해 있다고 해서 안정성이 유지되는 것은 아닙니다. 안정성은 공동체 구성원과의 삶의 협조가 유기적으로 이루어질 때 보장되는 것입니다. 예를 들어 가족 구성원 간에도 삶의 문제를 함께 고민하고 해결하려는 공동의 노력을 기울이지 않으면 남과 같은 관계를 유지하는 것과 다를 바가 없는 것과 마찬가지입니다. 하지만 가족보다 확장된 공동체에서의 삶은 그러한 관계를 유지하는 것이 쉽지만은 않은 일입니다. 삶의 협조가 유기적으로 이루어지도록 하는 길은 '연대solidarity'에 의해서 실현될 수 있습니다. 공동체적 삶의 회복을 주장하는 많은 현대 정치철학자들이 연대를 강조하는 이유도 바로 여기에 있습니다.

한동안 공동체의 민주적 질서를 유지하기 위한 '관용tolerance'의 정신이 강조되기도 했습니다. 관용은 내가 남과 다르다는 것을 인정받기 위해서는 남이 나와 다르다는 점을 먼저 인정하고 강자가 약자를 먼저 인정하는 태도를 의미하는 것입니다. 하지만 관용의 정신은 적극적인 공동선의 실현을 위한 실천으로는 부족합니다. 물론 나 아닌 다른 사람의 삶의 방식과 가치를 존중하는 태도는 민주적인 공동체의 시민들에게 요청되는 기본적인 자질이라고 할 수 있습니다. 하지만 그것만으로는 나와 타자가 직면한 문제를 해결하는 데에 한계가 있습니다.

이에 비해서 연대는 공동체와 타자의 문제를 더욱 적극적으로 해결하려고 하는 정치적 실천을 의미합니다. 또한 연대는 사회적 약자들이 자신의 삶을 개선하기 위한 거의 유일한 무기라고 할 수 있을 것입니다. 물론 연대의 구체적인 행동은 다양하게 나타납니다. 정치적인 시위의 형태가 될 수도 있고, 건강한 삶의 모범을 보이는 것도 연대가 될 수 있으며, 교육 활동을 통한 연대도 가능하고 투표를 통한 연대도 가능합니다. 복권에 당첨된 사람이 타자의 삶을 위해 기부 행위를 하는 것도 삶의 연대라고 할 수 있을 것입니다. 초능력을 공동선의 실현을 위해 사용하는 것도 연대 행위라고 할 수 있을 것입니다. 그렇다면 우리가 주목하는 슈퍼 히어로들은 연대가 필요할까요?

영화 속 슈퍼 히어로들의 모습은?

◇ ◇ ◇

　영화 속에서 초능력은 슈퍼 히어로들의 능력이자 슈퍼 악당들의 능력이기도 합니다. 양자의 존재는 서로에게 의존적입니다. 달리 말해서 슈퍼 히어로에 대한 요청은 거대 악, 즉 슈퍼 악당의 존재에 의해 설득력을 갖추게 된다는 것입니다. 인간의 무력과 한계 상황에 대한 원초적인 두려움은 맞서야 할 대상을 더욱 강력한 것으로 인지하게 하는 경향이 있습니다. 슈퍼 히어로에 대한 요청은 상상 속에서 바로 그러한 불안을 극복하기 위한 판타지인 셈이죠. 슈퍼맨의 경우 자연마저도 변화시켜 인간을 구원하는 영웅적인 행동을 합니다.

　영화 혹은 만화 속에 등장하는 슈퍼 히어로들은 평범한 인간들이 그러하듯 저마다 개성이 있습니다. 그러한 개성은 그들이 발휘하는 초능력의 종류만이 아니라 성격의 차이를 포함합니다. 각각이 지닌 초능력의 차이는 그들의 개인사와 연관된 맥락을 형성합니다. 이런 점 역시 고대 그리스 · 로마 신화나 북유럽 신화에 등장하는 여러 신들의 이야기와 유사하기도 합니다. 고대의 신들은 인간보다는 뛰어난 능력을 가지고 있지만 완전무결한 존재는 아닙니다. 그들은 불멸의 존재라는 점에서 인간 능력을 초월합니다. 하지만 그들은 인간처럼 시기하고 거짓말도 하고 다투기도 하며, 인간을 돕기도 하고 괴롭히기도 합니다. 영화 속 슈퍼 히어로들의 경우도 평범한 인간보다는 우

> 슈퍼 히어로들은 자신들의 비범한 능력 탓에 평범한 사람들 사이에서 평범하게 살아가지 못한다. 그들의 고충은 정체성의 혼란 및 평범한 인간들이 그들을 대하는 이중적 태도와 연관되어 있다.

월한 능력을 가진 존재이지만 완전한 존재는 아니지요.

부러울 것 없을 듯한 슈퍼 히어로들에게도 나름대로의 고충은 있습니다. 「어벤져스」에 등장하는 헐크의 경우는 군사적 목적의 연구를 하던 중에 얻게 된 능력을 저주하며 해결 방법을 모색합니다. 또한 토르는 동생인 록키와의 갈등과 반목에 괴로워합니다. 캡틴 아메리카 역시 다른 멤버들과 쉽게 적응을 하지 못합니다. 「저스티스 리그」의 멤버들도 마찬가지입니다. 슈퍼맨은 지구가 아닌 외계의 행성에서 온

탓에 지구인들과의 평범한 삶을 위해서는 자신의 신분을 감추어야 하고, 배트맨이나 원더우먼 역시 자신의 실체를 숨기고 살아갑니다. 영화 「왓치맨」에 등장하는 슈퍼 히어로들에게서는 비애감마저 느낄 수 있습니다. 이러한 모습들은 다른 영화에 등장하는 여타의 슈퍼 히어로들에게도 대동소이하게 나타납니다. 울버린은 일종의 분노조절장애를 앓고 있는 듯한 모습을 보이고 있으며, 핸콕은 알코올중독에 빠져 있으며 문제를 해결하는 그의 방식은 빈대 잡자고 초가삼간 불태우는 격입니다.

영화 속 슈퍼 히어로들의 고충은 사실 정체성의 혼란 및 평범한 인간들이 그들을 대하는 이중적 태도와 연관되어 있습니다. 슈퍼 히어로들은 그들의 초능력과는 달리 정치적 이해관계에 무관심할 뿐 아니라 무능력하기까지 합니다. 슈퍼 악당들을 물리치기 위해 갖은 고생을 하지만 그들을 지배하는 것은 정치적인 술수를 부리는 관료들이거나 비겁한 언론들입니다. 그런 점에서 슈퍼 히어로의 이중고는 현대인들이 처한 이중고와 다르지 않음을 알 수 있습니다. 정체성에 대한 혼란으로부터 야기되는 내부의 적과 그들이 물리쳐야 할 거대 악의 존재가 그것입니다.

슈퍼 히어로들의 고립된 일상은 현대인들의 삶의 방식을 연상하게 합니다. 어떤 면에서 보면 슈퍼 히어로들 역시 소외된 약자의 위치를 보여 줍니다. 슈퍼 히어로들에게 초능력은 동경의 대상이자 소외의 원인입니다. 평범한 일상에서 그들의 능력은 낯선 것이고 두려운 힘일 뿐입니다. 그래서 슈퍼 히어로라는 존재는 거대 악이 사라지는 순간 불필요한 존재로 전락하며, 이들을 끝까지 응원하는 것은 아이들과 직접적인 도움을 받은 여성들뿐입니다. 뿐만 아니라 대개의 영화에서 슈퍼 히어로의 진정한 적은 정치권력이며, 그들의 존재는 이용 가치로만 존재합니다.

현대의 소외된 현실은 모든 이들의 삶에서 근원적인 문제라고 할 수 있습니다. 소외는 환대받지 못하거나 사회 구성원으로서의 승인을 받지 못하는 경우에 발생합니다. 역할의 상실, 존재감의 무시, 성과에 대한 불인정 등등은 모두 그 구체적인 형태라고 할 수 있습니다. 이는 인간의 수단화를 보여 주는 가장 일반적인 형태입니다. 소외 문제를 가장 본격적으로 제기한 사람은 독일 철학자 카를 마르크스입니다. 그는 자본주의 체제에서 노동자가 겪는 인간 소외 문제를 지적했습니다. 자본주의 하에서 노동자와 노동은 자본주의적 이윤 추구를 위한 도구에 지나지 않고 인간적인 삶을 박탈당한 상황을 말하는 것이었습니다. 하지만 그 이전에 역시 독일의 철학자 임마누엘 칸트Immanuel Kant, 1724~1804는 "인간을 오직 목적으로만 대하고 수단으로 대하지 말라"라는 주장을 하기도 했습니다. 칸트의 언명은 직접적으로 소외를 경계하는 것은 아니지만 인간을 도구적으로 대해서는 안 된다는 점을 선구적으로 주장한 것입니다.

슈퍼 히어로들이 현대인 사이에서 처한 불안은 그들을 도구적으로 대하는 평범한 인간들과의 괴리에서 비롯되는 것이며, 그들이 겪는

> 영화 속에서 슈퍼 히어로들은 서로 능력을 보완하며 협동적으로
> 임무를 수행한다. 하지만 이들의 연대는 각자의 존재를 인정하기
> 때문이 아니라, 악당의 연대에 대응하기 위해 형성되었다.

소외의 본질은 그들이 평범한 인간들과 함께 할 수 없다는 것에 있습니다. 그리고 그러한 소외를 극복하기 어려운 이유는 그들의 삶에서 '연대'를 유지할 대상이 없기 때문입니다. 물론 영화 속에서 슈퍼 히어로들은 서로의 능력을 보완하여 협동적인 임무를 수행합니다. 하지만 그들 간의 연대는 존재의 인정에 바탕을 둔 것은 아닙니다.

그들이 힘을 합치게 되는 이유는 각자의 슈퍼 히어로들에게 당한 전력이 있는 악당들이 먼저 힘을 합치기 때문입니다. 따라서 그들의 연대는 거대 악을 넘어서는 악, 혹은 거대 악들의 연합에 상응하는 전술에 불과합니다. 그들의 연대가 전략이 아니고 전술인 이유는 일시적인 연대이기 때문입니다. 사실 슈퍼 히어로들의 캐릭터는 본질적으로 연대에 맞지 않습니다. 왜냐하면 그들 각자는 자신들이 너무 잘났기 때문이죠. 이 점은 참 아이러니합니다. 자신들보다 능력이 한참 부족한 인간들을 위해서는 기꺼이 도움을 주면서도 자기들끼리는 자존심 싸움을 합니다. 요즘 유행하는 말로 '핵존심'을 내세우기도 합니다.

영화 속에서 슈퍼 히어로들은 인간을 위해 자신들의 초능력을 사용합니다. 이것은 진정한 의미의 연대라고 할 수 있습니다. 그들이 영웅시되는 이유이기도 하지요. 그렇지만 현실에서는 안타깝게도 우리가 당면한 문제들을 시원하게 해결해 줄 영웅들은 존재하지 않습니다. 더욱 안타까운 것은 거대 악은 존재한다는 것입니다. 개개의 의사와 관계없이 군산 복합체의 이익을 위해 평화를 깨뜨리는 세력이나 자본의 이익을 위해 남아도는 지구의 식량조차 분배하기 어렵게 만드는 시장의 논리, 미래의 인류로부터 자원과 환경을 약탈하는 행위 등이 바로 그러한 거대 악이라 할 수 있습니다. 이에 맞서기 위해서는 우리 자신의 연대가 필요합니다.

| B급 철학 |

현대의 불안과 소외, 그리고 인정

◇◇◇

캐나다의 철학자이자『불안한 현대 사회』의 저자인 찰스 테일러는 현대의 상황을 '불안'이라는 말로 함축하여 표현하고 있습니다. 테일러는 불안의 원인으로 '개인주의', '도구적 이성의 지배', '개인의 자유와 자기 결정권의 상실' 등을 제시하고 있습니다.

그가 불안의 원인으로 꼽는 첫째 요인은 '개인주의'입니다. 테일러에 따르면 과거에는 인간도 다른 모든 존재하는 것들과 더불어 우주를 이루는 구성 요인으로 인식했습니다. 그렇기에 인간들만의 공동체를 이루어 살면서도 개인의 취향이나 인권의 문제가 보편적인 관심사가 될 수 없었습니다. 하지만 근대 이후 종교개혁, 시민혁명, 산업혁명 등은 개인주의의 출현을 가능하게 했습니다. 대중사회의 출현도 그 결과이지요. 그 결과 사람들은 자신을 제외한 것들에 대한 관심을 줄여 나가게 되었습니다. 그리고 기존에 폭넓게 사회적, 우주적 의미를 부여하던 행위를 상실하게 되면서 보다 높은 삶에 대한 '목적 의식'을 잃게 됩니다. 찰스 테일러는 이러한 목적 설정 상실로 인해 자기 삶에만 초점을 맞추게 되고 마음의 시야가 좁아지는 현상을 초래했다고 보았습니다. 즉, 우리의 삶은 갈수록 의미를 상실하게 되고 타인에 대해 무관심해지는 자기 도취가 만연하는 사회로 변모했다는 것이지요.

현대 사회가 불안하게 느껴지는 둘째 요인은 '도구적 이성의 지배'입니다. 도구적 이성이란, 주어진 목적을 위해 가장 경제적으로 수단을 응용하는 합리성을 뜻합니다. 이러한 도구적 이성의 작동은 과학 기술의 발전과 더불어 심화되었습니다. 전통적인 규제의 틀이 사라지면서 도구적 이성의 범위는 방대해지고, 오로지 비용과 소득을 최대한 줄이는 효용성에만 주목하는 현상을 낳았습니다.

이처럼 도구적 이성의 지배가 팽창해 갈수록 사회는, 더 정확히 말하자면 각자 개인들은 위험에 빠지게 됩니다. 이 문제를 해결할 방안을 찾기 위해 테일러는 먼저 도구적 이성을 지향하려 하는 사회생활의 강력한 장치들의 폭력성을 인식해야 한다고 말합니다. 그리고 우리 인간들의 궁극적인 목표 설정을 다시 함으로써 제도적인 변화가 이뤄져야 한다고 주장합니다.

테일러가 말하는 현대 사회의 마지막 불안 요인은 개인주의와 도구적 이성으로 인해 영향을 받는 '정치 영역'에 있습니다. 자기 마음속에만 갇혀 있는 개인은 도구적 이성이 만연해 있는 사회 속에 처하게 됨으로써 새로운 '현대판 독재'를 맞이하게 될 위험성이 있습니다. 그리고 이런 독재 정부는 온화하고 가족주의적인 권위를 가지며, 심지어 민주주의적인 형식을 띠고 있을 것이라고 봅니다. 오로지 자기 자신에게만 집중하고 있는 개인들은 다른 사람들에 대해 무관심해지고, 더 나아가 국가의 정치에 대한 무기력함을 느낌으로써 시민으로서의 권리를 모두 정부에게 맡겨 버리게 됩니다. 즉 자신의 자유를 주장하다가 오히려 정치적 자유를 잃게 되는 아이러니한 상황에 봉착하게 되는 것입니다. 테일러는 이로 인해 개인의 자유와 자기 결정권이 상실될 것이라는 우려의 목소리를 내고 있습니다.

이와 같은 불안 요인을 해결하지 않으면 현대 사회와 현대인들이 처한 위기를 극복할 수 없을 것이라는 게 테일러가 말하고자 하는 문제의식입니다. 인정의 문제에 대한 해결은 바로 이러한 불안과 위기에 대한 하나의 대안적 접근이 될 수 있을 것입니다. 왜냐하면 현대가 안고 있는 불안의 원인들은 인정을 방해하고 소외를 초래하기 때문입니다.

인정의 문제는 근대 철학 이후에 등장한 중요한 주제 중 하나입니다. 타자가 나를 인정하는 것이 유의미하기 위해서는 그 타자가 나와 대등한 존재 이상이어야 합니다. 그런데 근대 이전의 신분 사회에서는 모든 사람들이 신분에 의해 구별되었기 때문에 마땅한 인정의 조건이 일반화되어 있지 않았기 때문입니다. 따라서 인정의 문제가 개개인의 생존과 구체적으로 결부된 역사적 조건은 신분제가 사라진 근대 이후에 형성되었다고 할 수 있는 것이지요.

테일러는 『자아의 원천들Sources of the Self』이라는 책에서 근대적 자아의 정체성이 지니는 특징적인 구성요소를 타인들의 복지를 고려하는 가치를 소중하게 여기는 것과 모든 사람이 권리를 소유하고 있는 것으로 간주하였습니다. 또한 근대의 도덕의식들은 우리의 가장 깊은 존경을 받을 만한 도덕적·정신적 가치들을 구체화하는 '일상적 삶'에 대한 책무와 참여를 믿게 하였고, 우리 자신들이 우리가 사는 가치의 원천이고 창조자라는 것을 믿게 하였다고 보았습니다. 근대적 자아, 혹은 근대 이후 인류가 지니게 된 이러한 생각들은 개인주의적인 배경과 더불어 인정의 문제를 구체화시키는 배경이 되기도 합니다. 더욱이 자본주의의 고도화가 이루어지고 시장의 지배가 강화될수록 인정의 문제는 더욱 절실한 문제가 됩니다. 우리 사회가 다문화하고 다양성이 증가하고 있다는 점도 인정의 문제에 대한 적극적 접근을 요청하고 있다고 볼 수 있습니다.

인정의 문제에 대해서 테일러가 가장 중요하다고 생각한 것은 인정이 생존에 필수적이라는 것입니다. 테일러는 인정의 문제는 정체성의 문제와 결부되어 있으며, 그 이유는 마땅한 인정에의 결여가 정체성의 왜곡에서 비롯되었다고 할 수 있기 때문입니다. 사실 인정은 정체성을 인정한다는 것이지요.

현재 정체성 왜곡의 형태는 인정을 요구하는 다양한 현대 정치의 진영에서 제시되고 있습니다. 여성주의 입장에서는 가부장제 문화가 여성의 정체성을 왜곡하고, 흑인 인권운동을 주도하는 그룹에서는 백인 우월주의가 흑인의 정체성에 대한 왜곡된 이미지를 강요했다고 주장합니다. 우리 사회에서도 이주 노동자들이나 다른 종교를 가진 사람들, 다른 지역 출신 사람들에 대한 일상에서의 정체성 왜곡이 빈번하게 일어납니다. 이러한 정체성의 왜곡이 마땅한 인정의 결여를 낳게 되는 것입니다.

❝
다른 문화에 대한 정체성 승인은 섣부른 존경이나 호의가 아니라,
그 문화를 형성하게 된 삶의 맥락과 자신의 삶의 맥락이 서로
스며들 듯 조화를 이루어 내는 것이다.
❞

　영화 「엑스맨」에 등장하는 초능력자들은 돌연변이들입니다. 영화 속에서는 인간과 어울려 살기를 원하는 돌연변이들과 인간을 적대시하는 돌연변이들 간의 대결 구도가 주를 이룹니다. 하지만 근원적인 갈등의 발생은 인간에 대한 일부 돌연변이들의 불신입니다. 그러한 불신의 근저에는 인정에의 결여와 정체성에 대한 왜곡이 깔려 있다고 보아야 할 것입니다.

　상이한 집단들의 문화와 연관해서 쟁점이 되고 있는 것이 다문화주의라고 하는 주제입니다. 특히 다민족 사회의 상이한 문화에 대해서 테일러는 상이한 문화들을 살려 두는 것만이 아니라 그 가치를 승인해야 한다고 주장합니다. 그러나 그러한 승인의 방식이나 태도가 결코 시혜적인 것이어서는 안 된다고 합니다. 다문화주의 역시 모든 문화에 대한 평등한 존경이라는 전제로부터 출발한다면 그것은 단지 모든 사람은 자신들의 고유한 문화를 가진다고 하는 형식적이고 관습적인 인정에 그치고 말 것입니다. 이는 여전히 자문화 중심적인 배경을 가지고 다른 문화의 가치에 대해 인정하는 체하는 것에 불과한 것이라는 것이지요.

다른 문화에 대한 정체성 승인, 곧 인정은 섣부른 존경이나 호의를 보이는 것이 아니라 그 문화를 형성하게 된 삶의 맥락과 자신의 삶의 맥락이 서로 스며들 듯 조화를 이루어 내려는 노력을 해야 한다는 것입니다. 비유를 들자면 마치 퍼즐 조각들처럼 나와 타자, 우리의 문화와 다른 문화가 서로를 필요로 하고 서로의 삶에 의미를 형성하는 것처럼 말입니다.

슈퍼 히어로의 연대와 약자들의 연대

◇ ◇ ◇

동정심의 윤리나 이타심과 같은 원리로 설명되는 도덕적인 태도만으로는 우리 사회가 안고 있는 문제들과 불안을 줄이기는 어렵습니다. 이러한 도덕적 관점들은 노블리스 오블리주와 같은 상류층의 사회적 책임 의식을 강화하고 부자들의 자선이나 기업 이익의 사회적 환원 등을 촉구하는 긍정적 힘을 가지고 있기는 합니다.

하지만 이러한 도덕적 접근은 그것을 실천하는 개인을 칭찬할 만한 근거일 뿐 시장이 지배하는 시민사회의 문제를 해결할 가능성을 제시해 준다고 볼 수는 없습니다. 왜냐하면 그러한 문제들은 사회적인 문제에 대한 의사결정에 가장 영향력을 끼치는 사회 지도층들에 의해서 발생하기 때문입니다. 자선을 통해서 그들의 진정성을 확인하는 것이 오늘 우리에게 적지 않은 위안이 될지는 몰라도 내일은 다시 그들의 자선을 기다려야 하는 사정은 변하지 않게 될 것입니다. 따라서 타자의 도덕적 처분에 의존하는 것은 그러한 도덕적 처분이 중지되면 어쩌나 하는 새로운 불안을 만들어 낼 뿐입니다.

시장에서의 삶은 인간의 정치적 삶을 무가치한 것으로 만들어 버립니다. 각자 자신을 위한 최선의 삶을 선택하도록 기회를 주는 듯하지만 시장 안에는 다양한 가치가 존재하지 않습니다. 그런 점에서 자유주의적 시장주의에서 다원주의는 허구입니다. 시장 안에서는 모든 가치가 가격으로 환산된다는 점에서 다원화된 기준들이 가격 결정에 영향을 미친다는 의미에서만 다원주의일 수 있습니다.

이에 비해 정치는 경제적 효율성을 높이는 정책을 고려하면서도 다양한 삶의 가치를 고양해야만 하는 역할을 수행해야 합니다. 종교적 다양성을 보호하고, 학문의 다양성과 사상의 자유를 보장하고, 사회적 약자들의 참정권을 실질적으로 보장하는 일을 게을리 해서는 안 됩니다. 그렇지만 이런 역할들은 정부 주도의 계몽이나 정책 결정을 따르도록 하는 홍보 등을 통해서 달성하려고 해서는 안 됩니다.

사회 구성원들이 자신들의 삶을 실질적으로 조직하고 결정할 수 있는 방법을 지닐 수 있도록 해야 합니다. 즉 사회적 약자들이 자신의 자유와 권리를 보장받을 수 있는 좀 더 구체적이고 분명한 기준을 마련할 필요가 있다는 것입니다. 그러기 위해서는 자기 결정성의 자유를 보장하는 정치적 해법을 모색할 필요가 있습니다. 그런데 이러한 목표는 분명 개인들의 자유를 증진시키는 것에 초점을 두는 것이 아니라 공동선의 실현 속에서 당당한 생존권의 향유에 궁극적 관심을 두는 것입니다. 그러한 목표는 결과로서의 목표일 뿐만 아니라 목표를 성취하기 위한 실천 그 자체일 수밖에 없습니다. 즉 자기 결정의 자유를 실천함으로써만 자기 결정의 자유를 누릴 수 있다는 것이지요. 그래서 소유적 권리를 가지지 못하거나 아주 적게밖에는 가지지 못한 사람들도 자신들의 삶과 연관된 결정에 참여할 수 있어야 한다는 것입니다.

이는 자유민주주의가 일반적으로 보장하는 정치적 참여의 수준을 넘어서는 것입니다. 우리 사회는 저소득층이나 사회적 약자의 투표권조차도 실질적으로는 보호하지 못하고 있습니다. 일용직 노동자들이 하루 일당을 포기하고 투표를 하기란 쉽지 않은 결정이기 때문입니

"

연대는 기득권에 대항해서 정치적 공세를 유지할 수 있는 사회적
약자들의 유일한 힘이자 수단이다.

"

다. 이 문제가 해결된다고 해도 몇 년에 한 번 주어지는 투표권의 행사는 유효한 대안이 될 수는 없습니다. 삶의 문제가 정치적 일정에 조응하는 것은 아니기 때문입니다. 현대 자유민주주의 하에서 선거와 선거 기간 사이는 대중들에게 근본적으로 정치적 실천의 휴지기에 불과합니다. 정치가 정치 엘리트들의 직업적인 행위를 일컫는 것이라면 이러한 사태는 별 문제가 아니라고 생각할 수도 있습니다. 하지만 정치가 구성원 모두의 삶을 결정하고 조직화하는 생생한 삶의 과정이라면 정치적 실천이나 정치적 행위는 항상 보장되어야 합니다.

구체적으로는 모든 차원에서의 사회적 연대가 보장을 받아야 합니다. 정당 간의 정치 공방이 아닌 엘리트 정치에 대한 사회 구성원들의 정치적 공세가 자유롭게 이루어지도록 보장되어야 한다는 것입니다. '정치적 공세'는 비난이나 비판의 대상이 아닌 권리로서 인정을 받아야 한다는 것이지요. 연대는 기득권에 대항해서 정치적 공세를 유지할 수 있는 사회적 약자들의 유일한 힘이자 수단입니다. 미국의 백인들이 노예제를 200여 년간 유지할 수 있었던 요령 중에 핵심이 되는 것은 바로 노예들 간의 연대를 불가능하게 만드는 것이었습니다. 모든 면에서 예속적인 노예들이 가질 수 있는 유일한 저항의 가능성은 연대에서만 비롯될 수 있었기 때문입니다. 연대를 예방하는 유효한 수단 중 하나는 사회적 약자들의 처지에 차별성을 두는 것입니다. 우리나라에서 지주가 소작농을 관리할 때 마름을 두거나 소작농 간에 차별을 두어 연대를 예방했듯이 노예주들은 노예들의 처지에 차등을 두어 유대감을 형성하지 못하도록 만들었습니다.

오늘날 한국 사회에서 대기업 노동자들이 영세 기업 노동자들의 처지를 외면하고, 정규직 노동자들이 비정규직 노동자들을 더 서럽게 만드는 것은 모두 연대를 어렵게 하고 불신을 형성하게 만드는 요인들 때문입니다. 이런 것들이 우연적인 것일까요? 그렇진 않을 것입니다. 정부는 비정규직 제도의 운영을 도움으로써 결국 사회적 약자들의 연대마저도 어렵게 만들고 있습니다. 이는 의도적이라는 합리적 의심을 얼마든지 할 수 있습니다. 노동자의 권익이나 사회적 약자의 생존권을 확대함으로써 문제를 해결하는 것이 아니라 문제를 들먹이지 않도록 하는 방식의 선택을 하는 것입니다.

일부 대기업 노조가 비정규직 문제를 파업의 구호로만 사용한다면, 그들의 노조 활동은 결국 집단 이기주의 이상도 이하도 아닌 것입니다. 그러나 이런 문제를 노조의 도덕성 문제로 해결할 수는 없습니다. 연대는 연대 세력들 중 가장 열악한 처지의 세력들에게 가장 중요한 결정권을 부여함으로써 진정성을 보장받아야 합니다. 이는 결과물에 대한 분배의 우선성을 말하는 것이 아니라 처음부터 약자의 자기 결정성을 보장해야 한다는 것입니다. 이를 위해서는 다수에게 해당되는 문제를 해결하는 것이 우선이 아닌 가장 시급한 사람의 문제를 해결하는 데 우선을 두는 연대의 조건이 확립되어야 하며, 그 시급한 문제를 안고 있는 사람에게 그 문제 해결의 결정권을 부여해야 할 것입니다. 이러한 원칙들이 관철될 때 소득 증가보다는 자연 갯벌에서의 삶을 유지하고픈 어민의 삶이 보존될 수 있을 것이며, 자기 집을 갖지 못한 사람들의 거주권이 유지될 것이며, 실직자의 자녀들이 상급학교 진학을 포기하지 않을 것입니다.

영화 속에서 슈퍼 히어로들조차 위기에 봉착하면 서로 힘을 합치고 도움을 주는 모습을 볼 수 있습니다. 앞에서 이러한 상황에 대해 전술적인 차원의 일시적인 연대라고 말한 바 있습니다. 그럼에도 따로 노는 것보다는 훨씬 현명한 태도입니다. 연대를 통해서 궁극적으로 실현할 수 있는 것은 생존입니다. 여기서의 생존은 연대하는 당사자들의 생존만이 아니라 공동체적 삶의 유지를 의미하는 것이기도 합니다.

하지만 연대적 삶의 실천이 그리 쉽지만은 않습니다. 모든 형태의 연대에서 가장 두드러진 특징은 연대가 결코 쉽지 않다는 것입니다. 초기 자본주의 시대의 노동자 연대는 눈앞에 닥친 생존만을 염두에 둔 단순한 일차적 연대에 불과했습니다. 그만큼 생존의 문제가 절박했던 셈이지요. 경제학자 애덤 스미스Adam Smith, 1723~1790는 그러한 노동자들의 연대는 아무리 그 필요성을 부르짖어도 자본가들의 조용한 연대를 이길 수 없다고 지적했습니다.

연대적 실천을 어렵게 만드는 또 다른 이유는 현대 사회에서는 연대의 주체들이 처한 상황과 문제의식이 모두 차이를 보일 수 있다는 점과 연관되어 있습니다. 적대적이거나 우호적인 관계의 양상도 빠르게 변화합니다. 하지만 다르기 때문에 연대의 현실적 요청은 더욱 증가하고 있기도 합니다.

테일러는 진정한 연대는 자발성의 기초 위에서 이루어져야 한다고 파악했습니다. 자발성을 보장하기 위한 기초를 확립하기 위해서는 개인들이 자기 결정의 자유를 행사할 수 있어야 합니다. 자기 결정의 자유란 자신의 삶의 문제를 스스로 결정할 수 있는 권리를 말합니다. 또한 자기 결정성의 자유를 지닌 사람들의 결정만이 진정성 있는 실천일 수 있습니다. 그렇지 않으면 이해타산적인 정치적 행위에 불과하게 됩니다. 개인적인 자기 실현만을 도모하려는 삶의 태도에서는 진정성이 출현할 수 없고 진정성이 없는 개인은 자기 결정의 자유를 행사하지 못하게 됩니다.

연대는 물질적 삶의 조건만이 아니라 모든 정치적 · 문화적 정체성에 대한 인정의 획득을 필요로 하는 사람 혹은 공동체가 취할 수 있는 인정 투쟁의 효과적인 전략이라고 할 수 있습니다. 연대란 서로 다른 정체성을 가진 사람들이 동일한 정치적인 삶의 이슈에 대해서 공동의 행동을 결의하는 것입니다. 여기서의 결의는 각오에 그치는 것이 아니라 실천을 약속하는 정치적 판단의 공표라고 할 수 있을 것입니다. 여성 철학자 한나 아렌트Hannah Arendt, 1906~1975는 진정한 연대성은 삶의 고통에 대한 일정한 거리 두기를 가능하게 하여 객관적 해결책을 가능하게 한다고 보았습니다.

이 글에서 주로 다룬 찰스 테일러의 말을 마지막으로 소개하면서 마치겠습니다.

"'연대감'에 대한 인식은, 다양하게 규범화된 역할들을 통해 우리가 서로에게 관련되는 방식을 넘어서 우리는 다양한 측면을 지녔지만 함께 결합되고 근본적으로 평등한 인간 존재로 이루어진 공동체라는, 우리 모두가 공유하는 직관이다. 약자의 권력에 합법성을 부여하고, 뒤바뀜과 위반의 순간에 돌발적으로 형성되는 것은 이와 같은 근원적 공동체이다."

3

게임과 놀이의 인간

게임「디아블로」

———

요한 하위징아『호모 루덴스』

강경표

「디아블로」

세계에서 가장 많이 팔린 책은 성서이다. 성서는 서양적 사고를 이해하는 데 필수적이다. 블리자드의 「디아블로」도 성서를 기반으로 한 다크판타지다.

공포를 테마로 1996년 출시된 「디아블로1」은 우리나라에서 대중적인 인기를 끌지 못했다. 당시 열악한 국내 인터넷 환경으로는 게임을 즐길 수 없었다. 그로부터 4년 후인 2000년 「디아블로2」가 세상에 나오면서 악마Diablo의 열풍은 시작됐다.

문제의 2012년 「디아블로3」의 출시와 함께 우리는 새로운 게임문화를 목도하게 된다. 게임의 출시를 기다리다 이제는 아저씨가 되어버린 사람들이 게임을 사기 위해 길거리로 나왔다. 이제 게임은 단순히 아이들의 것이 아니다. 게임 속 세상은 인간에게 주어진 또 다른 자연이다.

요한 하위징아

하위징아Johan Huizinga 1872-1945는 "고전이라는 것은 아직도 읽히고 있는 책"이라고 정의했다. 하위징아는 알고 있었을까? 『호모 루덴스』는 놀이와 문화 연구의 고전이 되었다.

하지만 안타깝게도 하위징아의 고향 네덜란드에서는 그를 높게 평가하지 않는다. 누군가는 저지대 국가에 사는 사람들이 태생적으로 높은 곳을 싫어하는 기질이 작동한 것이라고 말한다. 역사가(『중세의 가을』, 1919)이자, 전기작가(『에라스뮈스』, 1924), 문화비평가(『내일의 그림자 속에서』, 1935)이자 인류학자(『호모 루덴스』, 1938)였던 그의 다채로운 면모를 일관되게 평가하기는 어려울 것이다. 하지만 그동안 등한시되었던 놀이 연구에서 하위징아는 분명 선구적이다.

'게임의 시대'에 사는 우리는 분명 하위징아를 이해할 필요가 있다. 놀이야말로 인간을 인간으로 이해하는 본질적 기초다.

생각한다는 것은 노동일까, 놀이일까?

◇ ◇ ◇

2012년 5월 14일 우리나라에서 보기 드문 일이 벌어졌습니다. 비가 내리는 날에도 불구하고 우산을 쓴 어른들이 서울 왕십리 민자역사 비트플렉스에 모여들었습니다. 13일에는 50명 정도였지만 이튿날 500명으로 늘었고, 14일 새벽에는 1,200여 명, 오전에는 2,000여 명을 넘겨 5,000명 정도의 사람들이 기다리고 있었습니다. 그들은 무엇을 기다리고 있었을까요? 2014년 3월 24일에도 비슷한 일이 벌어졌습니다. 용산 아이파크몰 이벤트파크에서 장사진을 이루는 사람들이 있었습니다. 아시는 분도 있겠지만 그들은 게임을 구매하기 위해 줄을 선 어른들이었습니다. 「디아블로」라는 게임의 새로운 버전이 출시될 때마다 벌어진 이 현상을 '디아블로 현상'이라고 말합니다. 미국에서 아이폰이 출시될 때나 있을 법한 현상이 한국 사회에서 게임 출시를 앞두고 일어난 것이라니 믿겨지는지요?

누구는 이러한 현상을 보고 철없는 어른들이라고 말했고, 게임 중독 또는 오타쿠라는 표현으로 외면하려고 했습니다. 그들을 비정상

또는 비주류로 규정함으로써 우리 사회의 주류 문화를 지키고 싶었나 봅니다. 그러나 이제 우리는 지하철이나 버스에서 책 대신 스마트폰을 들고 게임을 하거나 영화를 보거나 SNS를 하는 사람들을 너무나 많이 봅니다. 비주류라고 하기에는 그런 사람들이 너무나 주변에 많다는 것이죠. 차라리 먼 산 풍경을 바라보고 있거나 아무것도 하지 않고 의자에 앉아 있는 사람을 이상하다고 생각해야 하는 시대에 살고 있습니다.

　디아블로 현상은 어른들의 또 다른 일탈일 뿐일까요? 아니면 우리 사회가 변해 가고 있다는 것을 보여 주는 하나의 신호일까요? 저는 후자 쪽에 더 무게를 두고 있습니다. 래피얼 코스터Raphael Koster의 『재미 이론Theory of Fun for Game Design』에 따르면 이들은 '호모 파워루덴스 Homo Power-Ludens'입니다. 폐인형 인류라고도 불리는 이 사람들은 보통 소파, 의자, 오락실에 둥지를 틀고 있고 스스로 어떤 게임과 코드가 맞는다면 그 게임을 숙달하기 위해 필요 이상으로 플레이를 합니다. 몰입은 누구나 쾌감을 느끼는 일 중 하나인데 이들은 게임이라는 놀이에 몰입함으로써 쾌감을 느끼는 것이죠.

　이들이 즐기는 놀이는 진정한 놀이가 아니라고 항변할 수도 있습니다. 그리고 마치 이들이 질병에 걸린 것처럼 말을 하죠. 바로 게임 중독입니다. 게임 중독법을 만들기 위해 힘쓰는 국회의원도 있었고, 아이들의 게임 중독을 걱정하는 학부모가 많은 것도 사실입니다. 그러나 「디아블로」 현상으로 대변되는 게임 놀이 문화는 우리의 놀이가 아날로그적인 방식에서 디지털 방식으로 전환되었다는 것을 의미할 뿐 놀이의 본질을 벗어난 것은 아닙니다. 그렇다면 놀이란 무엇일까요?

놀이를 알기 전에 먼저 생각해 봐야 할 것이 있습니다. 그래서 제 이야기를 조금 할까 합니다. 저는 철학을 전공하고 있습니다. 생각하는 것을 직업으로 삼아 살아가고 있지요. 생각하는 것이 직업이 된다는 것은 정말 어려운 일입니다. 그래서일까요? 제 부모님은 철학 공부를 무척 싫어하셨습니다. 주변 친지도 마찬가지였죠. "철학 같은 거 해서 밥이 나오느냐? 쌀이 나오느냐?" 철학하는 사람은 멋있어 보이지만 혈족이 하는 것에는 반대하는 것이 우리나라에서는 너무나 비일비재한 일이라 이제는 일일이 대답하지도 않습니다. 하지만, 제가 알고 있는 것은, 다른 사람들이 보기에 생각한다는 것은 노동이 되지 못한다는 것입니다. 그들의 눈에는 노는 것과 마찬가지라는 거죠. 8시에 출근해서 저녁 6시가 되면 야근을 준비하는 우리 삶 속에서 성과도 없어 보이는 생각 나부랭이가 뭐가 중요하겠습니까?

'철학하는 것은 노동인가?'라는 질문이 어렵다면 질문을 바꿔 보겠습니다. '구걸은 노동인가?'로 말이죠. 구걸은 노동일까요? 구걸을 노동으로 바라보는 순간 수많은 도덕적인 질문들이 머리를 스치고 지나갈 것입니다. 하지만 구걸을 노동으로 보는 사람도 있습니다. 여러분들도 잘 아시는 조지 오웰George Orwell, 1903~1950은 『파리와 런던의 밑바닥 생활Down and Out in Paris and London』에서 다음과 같이 말합니다.

"거지는 화창한 날씨에나, 궂은 날씨에나, 하지정맥이 툭툭
불거져 나와도, 만성 기관지염에 시달려도 문밖에서 일한다."
_조지 오웰

거지는 노동을 하지 않는다고 말한다. 하지만 대체 노동이 뭘까? 인부
는 곡괭이를 휘두르며 일한다. 거지는 화창한 날씨에나, 궂은 날씨에나,
하지정맥이 툭툭 불거져 나와도, 만성 기관지염에 시달려도 문밖에서 일
한다. 구걸도 다른 활동과 마찬가지로 노동이다. 물론 무익하기는 하지만
그럴싸한 노동 중에도 무익한 활동은 많다. …… 현실적으로 보면 거지는
수중에 들어오는 것으로 생계를 유지하기 때문에 여느 사업가와 다르지
않다. 거지는 대부분의 현대인에 못지않게 자신의 명예를 지킨다. 단지 부

| B급 철학 |

자가 될 수 없는 노동을 선택하는 실수를 저질렀을 뿐이다.

이런 맥락에서 본다면 철학하는 것도 노동이 될 수 있습니다. 누군가는 '잡다한 생각을 하는 것이 무슨 일인가, 놀이지'라고 생각할지 모르지만, 사실 철학자들이 치밀하게 생각을 탐구하는 것은 꽤나 머리 아픈 일이면서도 부자가 될 수 없는 노동일 뿐입니다. 비단 철학자들만이 아니라 부자가 되지 못하는 노동을 하는 사람은 많습니다. 대부분의 월급쟁이가 여기 해당되죠. 부자는커녕 월급만으로는 오르는 물가와 전세금, 집값을 감당하기조차 힘듭니다. 월급이 적어 힘든 것보다 더 힘든 것은 대부분의 일이 재미가 없다는 것입니다. 입사할 때는 큰 꿈을 안고 들어갔는데, 한 해 한 해 같은 일이 반복될수록 흥미는 사라지고 마치 기계의 부속품처럼 일을 하고 있는 자신을 발견하게 되지요. 당장 때려치우고 싶지만 다음 달 카드 값과 대출 이자를 걱정해야 하는 초라한 인생을 발견하고 묵묵히 일을 할 뿐입니다.

사실 노동이 자아실현과 관계를 맺게 된 것은 산업혁명 이후 도시로 유입된 노동자들의 삶과 관련이 있을 뿐 어원을 보면 그다지 매력적이지 않습니다. 그리스어 ponos는 '슬픔', '고역'이라는 뜻이고 라틴어 labor도 '고역'입니다. 히브리어 avodah는 eved(노예)와 같은 어원이고, 독일어 Arbeit는 '고생', '역경'을 의미합니다. 프랑스어 travail은 tripalium이라는 '고문 기술'을 어원으로 합니다. 제2차 세계대전 때에는 아우슈비츠의 정문에 쓰여 있는 말이기도 했죠. "Arbeit Macht Frei"

번역하면 "노동이 너희를 자유롭게 하리라"입니다.

아마 노동과 자유의 역설은 이때부터 시작된 것이 아닌가 합니다. 더 자유롭고 행복하게 살기 위해 노동을 하면 할수록 시간에 쫓기고 힘들어지는 삶을 살게 되는 것이죠. 이런 삶은 일정에 없는 일이 발생하면 더욱 혼란에 빠질 수밖에 없기에 자기 자신에 강한 질서 의식을 부여하고 스케줄을 관리하며 살아가게 됩니다. 자유는 영원히 사라지고 남은 것은 노동하는 인간, 즉 호모 라보란스Homo Laborans뿐입니다.

놀이를 꿈꾸는 호모 루덴스
◇◇◇

호모 라보란스는 현대인을 상징합니다. 우리는 수렵-채집에서 농경으로 우리의 삶을 변화시키면서 주 2일 노동에서 거의 매일 노동을 하는 형태로 삶을 변화시켰습니다. 서비스산업사회는 농경사회의 노동형태에서 더 나아가 24시간 노동이라는 조건을 만들어 냈습니다. 노동이 삶 자체가 된 것입니다. 수렵-채집의 시대로 돌아가서 생각해 보면 '5일 노동, 2일 휴식'이 아닌 '2일 노동, 5일 휴식'의 시대였습니다. 닷새 동안 무엇을 했을까요? 어떤 것을 하며 시간을 보냈는지 모르겠지만 큰 틀에서 이렇게 얘기할 수는 있을 것 같습니다. 놀았습니다!

우리가 이틀 동안 놀듯 그들은 닷새를 놀았습니다. 놀이가 노동보

"

현대 서비스산업사회는 24시간 노동이라는 조건을 만들어 냈다.
노동 자체가 삶이 된 것이다. 그 결과 일하는 인간 호모 라보란스는
놀이로부터 소외되어, 놀이를 죄악시하게 되었다.

"

다 시간적으로 큰 비중을 차지했고, 놀다가 일을 한 것이지 일하다가
노는 삶은 아니었습니다. 하지만 현대인의 삶은 역전이 됐습니다. 노
는 것은 부도덕한 일이 되었을 뿐만 아니라 일주일에 이틀을 쉬지 못
하는 사업장도 아직 많습니다. 다시 말해 호모 라보란스는 놀이로부
터 소외된 존재입니다.

요한 하위징아가 『호모 루덴스Homo Ludens』에서 놀이가 문화보다 선
행한다고 보는 것도 이런 측면에서 살펴볼 수 있습니다. 노동 시간과

노는 시간을 비교해 보면 우리의 삶은 노동이 아닌 놀이로부터 출발했다고 생각해 볼 수 있습니다. 노동으로 환원될 수 없는 인간 행위를 놀이를 통해 파악하고, 종합적인 측면에서 문화의 출발을 놀이로 보고 있는 것입니다.

그러면, 놀이가 어떤 것인지 알기 위해 약간의 정의들을 살펴보겠습니다. 놀이란 '일상적인 삶 바깥에 존재'하면서 '심각하지 않지만 완전한 몰입이 가능'한 그 무엇입니다. '물질적 이익'과는 별로 관계가 없지만 '자신의 시간과 공간의 경계 안'에 있으며 '규칙에 따라 진행'되고 '사회적 모임의 형성을 촉진'합니다.

현대적 관점에서 놀이를 정의할 때 특징은 '일상적인 삶이 아니다'라는 것과 '물질적 이익이 없다'는 것입니다. 현대는 놀이에서 소외되었기 때문에 놀이가 일상적인 삶이 아니라는 것은 수긍할 수도 있지만 어른의 관점이 아닌 아이의 관점에서 보면 놀이는 일상이 됩니다. 그러므로 놀이가 모든 인간에게 있어 일상적인 삶 바깥에 존재한다는 것은 잘못된 규정입니다. 또한 '물질적 이익'과는 별개라고 말하는 것도 문제가 있습니다. 도박처럼 물질적으로 이득이 된다고 해서 도박이 노동으로 규정될 수 없듯 돈을 못 번다고 해서 노동이 아니라고 말할 수 없는 것도 많습니다. 그러므로 놀이를 노동과 대립되는 그 무엇으로 해석하는 것은 놀이의 본질을 이해하는 데 큰 도움이 되지 못합니다.

놀이의 다른 정의들, '완전한 몰입', '자신의 시간과 공간의 경계

"

놀이는 모임을 구성하고 규칙이 있다. 놀이를 통해서
자연으로부터 형성된 우리의 본성을 파악할 수 있다.

"

안', '규칙에 따른 진행', '사회적 모임의 형성 촉진'은 놀이가 가진 원
래의 모습을 잘 표현하고 있기도 합니다. 놀이는 개체를 통해 수행되
는 일종의 과제라는 측면에서 자신의 시간과 공간을 필요로 합니다.
쉽게 말해 놀이에 참여하는 것을 말합니다. 그리고 모든 놀이는 쉽든
어렵든 규칙이 있고, 혼자 하는 놀이가 아닌 이상 모임을 구성하도록
합니다. 이것은 게임이든 전통 놀이든 상관없이 놀이가 가진 특징입
니다.

그렇다면 현대의 게임과 전통 놀이는 왜 비슷한 특징을 공유하고 있을까요? 놀이 문화가 바뀌어도 바뀌지 않는 그 무엇이 있는 걸까요? 이제부터는 그 답을 찾아보도록 하겠습니다.

우리가 놀이의 기능에 대해 가장 많이 듣는 얘기는, 아이들은 놀이를 통해 학습과 규칙을 배운다는 것입니다. 그렇기 때문에 아이들에게는 놀이가 매우 중요합니다. 미래 사회를 살아가는 데 있어 놀이는 주로 필요한 학습을 대신하는 그 무엇으로 이야기되고 있습니다. 이런 학습 위주의 놀이관은 아이들이 자연에서 뛰어 노는 것을 막는 방식으로 발전하고 있습니다. 실내에서 뛰며, 뛰는 것보다는 앉아서 무언가를 듣거나 만들거나 만지는 방식으로 놀이가 변하고 있는 것입니다. 영국 속담에 '아이들은 멍들 권리가 있다'는 말이 있습니다. 바로 자연에서 몸으로 움직이면서 무언가를 배워야 한다는 것이지요. 그러나 특히 우리의 교육문화는 자연을 배제하는 움직임 속에서 안전을 화두로 아이들의 놀이를 가두는 형태입니다. 놀이의 중요성을 이야기하면서도 정작 놀이가 자연에서 이뤄져야 한다는 기초는 망각해 가고 있는 것이 우리의 현실입니다. 제가 자연과 놀이를 강조하는 이유는 놀이의 본질을 이해하기 위해서는 자연으로부터 형성된 우리의 본성을 파악해야만 하기 때문입니다.

놀이는 본능이다

◇ ◇ ◇

　놀이는 인간만이 하는 것은 아닙니다. 집에서 반려 동물을 키워 본 분이라면, 제가 말하는 것이 무엇인지 금방 눈치를 챌 것입니다. 또한 놀이는 인간과 동물 또는 동종 간에만 존재하는 것도 아닙니다. 확실한 과학적 결과물은 없지만 감각과 지능이 있는 동물의 감정 공유 능력이 놀이의 기초에 있는 것으로 보입니다. 1991년 『내셔널지오그래피』의 사진작가 로버트 로싱이 찍은 사진들은 놀이가 무엇인지 다시금 생각할 수 있는 기회를 제공합니다.

　종이 다른 북극곰과 개가 서로 친구가 되어 노는 장면을 보면서 여러분들은 무슨 생각을 하셨나요? 컴퓨터 그래픽으로 의심하거나 연출·조작된 사진이라는 생각을 먼저 하는 것은 현대인이 가진 당연한 의심이겠지만, 이 사진은 자연 상태에서 찍은 사진입니다. 굶주려 공격할 줄만 알았던 북극곰이 개의 놀이 신호를 보고 사흘에 걸쳐 놀러 온 것을 사진으로 찍은 것입니다. 동물의 본능인 식욕과 생존 욕구를 능가할 만큼 강력한 그 무엇이 놀이에 있는 것일까요? 스튜어트 브라운 박사는 놀이를 자연계에 퍼져 있는 생물학적으로 아주 중요한 과정이라고 보고 있습니다. 저 또한 놀이는 생물의 본성이라고 생각하고 있습니다.

　조금 야한 이야기로 진행해 보면 섹스도 놀이라는 것입니다. 성^性을 성聖스러운 것이라고 생각하시는 분들도 계시겠지만 영장류 계통에서 보노보와 호모 사피엔스는 섹스를 커뮤니케이션과 놀이로 인식하고 있는 동물입니다. 건전한 성관계는 단지 2세를 생산하는 것에 있는 것이 아니라 배우자와 삶의 호흡을 같이 하는 커뮤니케이션이자 서로의 몸을 통해 즐거움을 선사하는 놀이이기도 한 것입니다. 제가 놀이의 본질을 섹스를 통해 바라보는 이유는 놀이의 본질을 거슬러 올라가면 그것이 생명의 생존 전략과 연관이 있다는 것을 말씀드리기 위해서입니다.

성선택의 과정은 궁극적으로 자연선택의 과정에서 이해될 수 있고 자연선택은 생존을 목적으로 합니다. 인간이라는 사회적 동물에게는 생식을 통해 후손을 생산하는 것 못지않게 사회성을 바탕으로 생존에서 유리한 고지를 점령하는 것도 중요합니다. 섹스는 자손의 생산만이 아니라 사회적 유대를 강화시키는 방식으로 작동하고 결혼이라는 제도를 통해 사회성을 더욱 강조하는 형태로 발전해 왔고, 함께 생존해 나가는 기초 집단을 만들어 냅니다.

아이들에게도 놀이는 생존의 문제와 연관됩니다. 놀이는 사회 규칙을 단순화시킨 축소판이고 아이들은 규칙과 상대방의 몸짓, 눈빛, 언어 등을 통해 미래 사회에 자신이 사용할 규칙들을 알아 가게 됩니다. 안타까운 것은 아이들의 부모가 아이들을 놀이로부터 소외시키고 있다는 점입니다. 2015년 한국청소년연구원이 발행한 『한국 아동·청소년 인권실태 연구 5』에 따르면 우리나라 초등학생의 25퍼센트 이상이

66

식욕과 생존 욕구를 능가할 만큼 강력한 그 무엇이 놀이에 있는
것일까? 스튜어트 브라운 박사는 놀이를 자연계에 퍼져 있는
생물학적으로 아주 중요한 과정이라고 보고 있다.

99

하루에 1~2시간밖에 놀지 못하고 있으며 1시간 이하인 어린이도 17퍼센트에 이릅니다. 학교에서 내주는 숙제와 공부, 부모에 의해 만들어진 학원과 과외가 놀이를 대신하고 있으며, 점점 놀이 시간은 줄어만 가고 있습니다. 하지만 아이들의 놀이는 쓸모없는 것이 아닙니다. 낭비도 아닙니다. 그리고 부모가 아무리 말해도 게임을 그만두지 못하는 이유도 사실 놀이의 생물학적 본성과 연관이 있습니다.

다시 제 어린 시절로 돌아가서 말씀을 드리면, 제가 초등학교를 다닐 때는 게임이라고 해도 별게 없었습니다. 고작해야 갤러그, 제비우스, 버블버블 정도가 오락실이라는 공간에 있는 게임기의 전부였습니다. 게임 종류는 적었지만 게임에 빠져 오락실을 벗어나지 못하는 친구들도 많았습니다. 저는 조금 다른 방식의 놀이를 좋아했는데, 개울을 뒤지며 가재나 물고기를 잡거나 사슴벌레 등의 곤충을 채집하는 것, 나무로 오두막을 만들고 본부라고 칭하며 전쟁놀이를 주로 하며 어린 시절을 보냈습니다. 저희 집이 가난했기 때문이라고 생각하신다면 그건 상상에 맡기겠습니다만, 게임을 하는 친구나 제가 했던 놀이 사이에는 공통점이 있습니다. 이것은 현대 게임을 만드는 규칙과도 깊숙하게 연관되어 있습니다.

진화심리학은 인간의 본성을 진화론적인 방식으로 이해하는 현대의 학문 틀로, 게임을 구성하는 기초일 뿐만 아니라 다양한 방면에 영향을 미치고 있습니다. 진화심리학에서는 사회적 동물로서의 인간 특성을 진화론적으로 형성된 것으로 규정하고 있으며 이러한 요소는 이미 우리의 본성에 내재되어 있습니다. 그리고 게임은 이러한 요소를 철저하게 반영하여 만들어집니다. 게임 속에서 엿보이는 인간의 속성을 나열해 보면 1) 지도자나 집단에 맹목적으로 복종하고 2) 엄격한 위계질서가 있으며 3) 선과 악이라는 이분법적인 사고를 하고 4) 문제 해결을 위해서는 무력을 사용하기도 하며 5) 자기 종족을 선호하고 타 종족을 혐오하는 방식으로 이야기가 구성됩니다. 하지만 비단 이것은 게임만의 특성이 아닙니다. 제가 어린 시절 자연에서 놀던 방식도 이 구도를 벗어나지는 못합니다. 다시 말해 게임 속에서 강화되고 있는 인간의 속성들은 원시인으로서의 인간이 생존을 위해 사용한 전략들에 불과하고 어쩌면 아이들이 게임을 재미있어 하는 것도 이런 원시성에 있다고 할 수 있습니다.

게임은 천박한 여가 생활인가, 민주주의의 또 다른 산실인가?

◇◇◇

누군가는 이러한 생존 기술이 현대에는 쓸모가 없는 것이라고 말할지도 모릅니다. 그러나 원시적인 기술을 가르치는 게임은 인기가 있는 반면 섬세한 기술을 가르치는 교육용 게임은 시장 점유율이 낮습니다. 원시적인 게임은 광고와 유인책을 많이 쓰기 때문이라고 이야기한다면, 게임업자들이 교육용 게임에도 광고와 유인책을 많이 쓰면 될 것입니다. 불편하지만 우리가 인정할 수밖에 없는 사실은 우리의 환경은 자연에서 도시로 바뀌었어도 우리의 몸은 원시적이라는 것이며, 게임은 이런 원시성을 반영한다는 점입니다.

또한 게임은 현대인이 가장 낮은 비용으로 접할 수 있는 놀이입니다. 아마도 자연을 경험하는 어린 시절을 만들어 주기 위해 부모가 투자를 해야 한다면 시간만이 아니라 비용이라는 측면에서도 무시하지 못할 것입니다. 도시에는 공원만 있을 뿐 자연이 없습니다. 제가 어린 시절 가장 신기했던 것 중에 하나가, 오늘 가재를 잡고 내일 같은 곳에 가면 또 가재가 있었다는 사실입니다. 생태가 망가져 가는 1980년대였지만 그래도 제가 잡을 만큼 생물이 풍부한 시절이었습니다.

지금은 그런 자연을 경험하기 위해서는 수도권이 아니라 더 먼 교외로 나가야만 합니다. 물론 잡는 방법도 알고 있어야 하겠죠. 맞벌이 부부가 대세인 상황에서 돈은 둘째치더라도 시간을 내고 잡는 방법을 습득하는 것만으로도 벅찰 수 있습니다. 이런 부모들은 선택을 합니다. 우선은 최대한 학원으로 돌리고, 짧은 여가 시간을 활용해서 놀 수 있도록 게임기를 선물합니다. 하지만 원시성이 더 강한 아이들은 학원보다는 게임이 더 재미있습니다. 자기 본능에 충실한 것이죠. 여자 아이들은 게임이 아닌 친구와의 이야기에 몰두합니다. 여성이 가진 진화심리학적 특징이 반영되는 것이죠. 사실 게임은 자본주의 시대 우리가 가장 값싸게 구할 수 있는 놀이일 뿐입니다. 단지 전통놀이가 더 좋고 요즘 놀이는 나쁘다는 식으로 바라볼 수 없는 이유입니다. 게임 속으로 들어가지 않고는 친구를 만날 수도 없습니다. 낮에는 학교, 저녁엔 학원, 밤에는 게임 또는 카톡방에서 그들의 사회성이 유지되고 있기 때문입니다. 혼자 하는 전통 놀이도 사회성을 길러내지는 못합니다.

어른들의 이야기로 돌아가 봅시다. 아이들에 대한 암울해 보이는 진단으로 상심했을지도 모르지만 게임 속에서도 사회성은 길러집니다. 그리고 민주주의를 꿈꾸기도 합니다. 대학 시절 저에게 민주주의는 길거리에 있었습니다. 하지만 게임 속에서도 민주주의는 길러질 수 있습니다. 게임을 하는 사람이라면 '바츠해방전쟁'으로 알려져 있기도 하고 '내복단 사건'으로도 알려진 사건을 알고 계신 분도 있을 것입니다. 이인화 교수가 분석한 내용을 짧게 말씀드리면, 「리니지 1」에서부터 '사냥터 통제', '오토 플레이'로 악명을 떨친 DK 혈맹은 「리니지 2」의 최대 서버인 '바츠' 서버를 오픈 베타가 시작되자마자 장악하게 됩니다. DK 혈맹은 2003년 7월 26일 전 서버 최초로 혈맹 레벨 3에 도달했으며, 뒷날 군주가 되는 '아키러스'는 2003년 8월 최초의 최고 레벨 달성자가 됩니다. 같은 달 DK 혈맹은 처음으로 몬스터 코어를 정복합니다. 이렇게 점점 세를 불리던 DK 혈맹은 2003년 9월 14일 '제네시스', '신의 기사단'과 힘을 합쳐 반란을 진압한 뒤, 10월에는 기란성에서 정식으로 동맹 협정을 맺음으로써 바츠 서버에서는 3대 혈맹의 독재가 시작됩니다. 2004년 5월 9일 '붉은 혁명' 혈맹은 50명을 이

66

놀이의 양태는 자연의 놀이에서 컴퓨터 게임으로 변화했다.
게임은 이제 일상을 지배하는 문화로 자리잡았다. 게임 속에서
인간의 일상은 형태만 바꾼 채 그대로 드러난다. 인간 생활의
다양함이 게임 세계에서 펼쳐지는 것이다.

99

끌고 DK 혈맹이 지배하던 기란성을 점령한 뒤 세율을 0퍼센트로 하겠다고 선언합니다. 2주 뒤 기란성은 다시 3대 혈맹에게 빼앗겼지만, 이 사건으로 여러 힘 있는 혈맹들이 DK 혈맹에 대항할 '연합군'을 조직하는 계기가 됩니다. 레벨이 낮은 유저들은 인해전술로 DK 혈맹과 맞섰지만 전투력의 차이 때문에 DK 혈맹이 낮은 레벨 사용자 수십 명을 일방적으로 학살하는 장면이 연출되었고, 다른 사용자들의 정의감을 자극함으로써 '바츠해방전쟁'이 촉발된 것입니다. 2년여의 전쟁 끝에 2006년 5월, DK 혈맹의 리더 아키러스는 혈맹을 해체하겠다고 선언하고, DK 혈맹이 자발적으로 해산함으로써 2년에 걸친 바츠해방전쟁은 끝이 납니다.

그리고 이 사건은 예술계에도 영향을 미칩니다. 명운화는 『바츠 히스토리아』(2008)라는 책을 출판하였고, 강희진은 바츠해방전쟁에서 영감을 얻어 소설 『유령』을 씁니다. 2011년 엔씨소프트는 리니지 2 '파멸의 여신' 업데이트를 앞두고 바츠해방전쟁을 소재로 한 포스터를 게시하기도 하였고, 2012년 8월엔 경기도미술관에서 바츠해방전쟁을 주제로 '바츠혁명전'이 열리기도 했습니다. 자연의 놀이에서 게임이라는 놀이로 양태는 변했지만 게임은 이제 일상을 지배할 수 있는 힘 있는 문화로 자리잡아 가고 있습니다. 또한 그 속에서 변하지 않은 또 하나의 인간 본성인 평등을 발견할 수도 있습니다. 인간 생활의 다양한 모습이 게임이라는 놀이의 세계에서도 그대로 펼쳐지고 있는 것입니다.

누군가를 위한 '박카스'

◇ ◇ ◇

이제 슬슬 글을 마무리할 때가 된 것 같습니다. 독자들에게 고백할 것이 두 가지 있는데, 먼저 이야기하고 싶은 것은, 저는 게임을 하지 않는다는 것입니다. 예전에 잠시지만 '삼국지'라는 게임에 몰두한 적이 있었습니다. 그러나 지금은 삶이라는 게임도 벅차서 오락을 즐길 여력이 없습니다. 두 번째로 말씀을 드리고 싶은 것은 철학과 관련해서입니다. "철학은 사소한 물음으로부터 시작된다"는 말을 대학 첫 강의 때 들었습니다. 그리고 지금은 저도 그 말을 학생들에게 되풀이하고 있습니다. 하지만 '과연 그럴까?' 스스로 반문해 봅니다. 미안합니다만 여러분께 거짓말을 했습니다. 제 생각에 철학은 사소한 물음으로부터 시작할 수는 있습니다. 그러나 시작뿐입니다. 사실 저도 사유의 치열함 속으로 한 걸음 내딛는 그 순간부터 철학자의 치밀한 사유를 따라가는 과정이 버겁게 느껴지기도 합니다. 그래서일까요? 우리 사회에서는 생소한 게임 철학이라는 분야를 치밀하게 구성하지 못한 글을 쓴 것 같습니다. 벙커 1 강의를 마치고 2년이라는 시간이 흘러가고 있건만 더 깊은 사고를 하지 못하는 자신의 무능력함을 발견할 뿐입니다. 이 글을 읽고 누군가 게임 철학에 관심이 생긴다면 더 깊이 있는 연구를 진행해 주길 바랍니다. 그 책이 나오면 꼭 사서 보겠다고 약속을 드립니다. 게임은 자연 놀이를 대신하는 현재의 놀이이자 미래의 놀이이기에 제게도 철학적으로 매우 중요하기 때문입니다.

우리는 호모 라보란스가 인간의 본질이라 믿으며 살아갑니다. 게으름에는 비난의 눈초리를 보내고, 성실함은 당연시합니다. 당신의 성실함에 피로를 풀라고 '박카스'를 권하기도 합니다. 당신의 성실함에 보내는 작은 찬사입니다. 때로는 디오니소스적 광기에 도취되어 불타는 금요일을 보내기도 합니다. 밤새 놀아도 더 놀고 싶은 기분이 들기도 합니다. 놀이가 삶에서 철저하게 분리되면서 우리는 보통 여가를 이렇게 보냅니다. 그러나 일상의 틈새에서 여가가 주어질 때 대부분의 사람들은 게임기나 카톡으로 시선을 옮깁니다. 그나마 짧은 시간 동안 즐길 수 있는 놀이이기 때문입니다.

놀이와 삶이 분리되고 노동 시간과 여가 시간이 분리되면서 우리는 노동에서 즐거움을 찾지 못하고 있습니다. 노동과 놀이가 하나가 될 수는 없을까요? 저 또한 늘 반문을 하는 문제이기도 합니다. 놀면서 일하는 회사도 있다고 합니다. 미국의 구글이 그렇고, 한국에도 제니퍼소프트가 그렇다고들 합니다. 아마도 저를 포함한 대부분의 사람들은 그런 회사를 부러워할 것입니다. 최소한 노동 시간이 35시간으로 줄어든다면, 야근만 없다면, 주말 근무만 없다면, 우리는 더 놀 수 있지 않을까요?

하지만 현실적인 대답은 아니라고 해야 할 것 같습니다. 부러움을 뒤로 하고, 잠시 고민을 해봅니다. 자본주의 대량생산체제에서 우리는 항상 착취를 당해 왔습니다. 지금은 금융자본과 함께 신용을 착취

당하고 있습니다. 당신은 신용을 담보로 학자금 융자를 받았고, 전세 자금 융자를 받았습니다. 그리고 그 신용을 지키기 위해 다시 자신의 노동을 팔고 있습니다. 놀면서 일하는 회사도 별반 다르지 않지 않을 까요? 구글과 같은 회사는 새로운 착취의 유형을 보여 줄 뿐입니다. 놀면서 일한다는 회사도 결국 우리에게 요구하는 것은 무한한 상상력 과 창의력일 뿐입니다.

칸트는 "놀이가 상상력의 바탕"이라고 말한 바 있습니다. 놀이는 상 상력에 필수적인 요소입니다. 그 회사들은 당신에게서 무한한 상상력 과 창의성을 원하기에 놀이를 권할 뿐입니다. 지금은 구글과 같은 회 사가 적기 때문에 놀면서 일하는 것이 부러워 보일 수 있습니다. 놀이 와 일을 병행할 수 있다는 사실만으로도 꿈의 직장이라고 불릴 수도 있습니다. 그러나 많은 회사가 구글과 같은 형태가 된다면 놀이 착취 도 본격화될 것입니다. 어쩌면 게임은 우리를 가장 덜 착취하는 싸구 려 피로 회복제 '박카스'일 수도 있습니다.

상속받지 못한 자들의 힐링 타임

드라마 「상속자들」

———

공자 『논어』

오상현

「상속자들」

'왕관을 쓰려는 자, 그 무게를 견뎌라'라는 부제를 달고 2013년에 SBS를 통해 방송된 20부작 드라마다. 대한민국 0.01%의 상속자들이 모인 학교, 제국고등학교에 외모만 빼면 모든 게 평범한 사회배려자 차은상(박신혜)이 등장하면서 생기는 이야기들을 담고 있다. 얼핏 신데렐라 콤플렉스를 자극하는 상업 드라마로 보이지만, 실제로도 그렇다. 제작진도 이미 기획의도를 통해 밝힌 바다. '누군가는 이 드라마를 신데렐라 스토리라 할 것'이라고.

두 가지를 깨닫게 해주었다. 아무리 힘 있고 돈 많은 집 아이들이라 해도 누구나 고민 몇 가지는 묻어두고 살아간다는 것이 첫 번째요. 머리 내린 최영도가 머리 올린 최영도보다 훨씬 낫다는 것이 두 번째다. 어디까지나 사견이다.

공자

춘추시대에 활동했던 노나라 출신의 정치가이자 사상가. 잠시 관직에 몸담기도 했으나 이내 그만두고 자기의 정치철학을 구현해 줄 지도자를 찾아 천하를 떠돌아다녔다. 『논어』는 그런 공자와 그를 따랐던 제자들의 이야기를 후학들이 묶어낸 책이다.

공자는 따뜻한 마음을 가진 사람이었다. 제자를 받아들임에 출신 성분 따위는 전혀 상관하지 않았다. 제자들에게도 누구와 어떤 일을 도모하던 간에 진정성忠과 신뢰信만큼은 포기하지 말 것을 주문했다. 그렇게만 할 수 있다면, 그 어디에 가서도 외롭지 않을 것이라 했다.

하지만 정작 공자는 외로웠다. "안 되는 줄 알면서도 했던 사람"이라는 누군가의 비아냥처럼, 적어도 그는 시대에 어울리는 사고를 했던 인물은 아니었다. 하지만 지금의 우리는 잘 알고 있다. 세상은 안 되는 줄 알면서도 시도했던 사람들이 만들어간다는 것을.

◇ ◇ ◇

공자나 『논어』를 생각하면 뭐가 떠오르세요? 답답함이나 케케묵은 옛 이야기 정도의 답변이라면 그나마 양호한 편입니다. 가끔은 남존여비나 가부장제의 원흉 같은 대답이 나올 때도 있으니까요. 우리 사회에서 공자는 그런 사람입니다. 저도 처음엔 그랬지요. 남들과 다를 바가 없었습니다. 숨 막히는 위계질서나 예의만을 중시하는 유교 문화 뒤에는 늘 그가 있다고 생각했습니다. 그래서였겠지요. 철학과에 다니면서도 동양철학은 관심 밖의 영역이었습니다. 어서 빨리 서양철학의 차가운 이성의 매력을 섭렵해서 언젠가 박살내주어야 할 전근대적 사고방식들의 집합체였지요. 그러나 졸업은 해야겠기에 들어간 동양철학 수업. 저는 그렇게 처음으로 공자의 민낯을 만났습니다.

공자의 맨얼굴을 마주하는 시간이 흐르면서 어딘가 좀 이상했습니다. 근엄한 성인의 모습보다는 어수룩한 노인에 가깝게 느껴지기 시작했거든요. 깐깐하고 고지식한 성인군자라는 기대는 조금씩 무너졌습니다. 제자들 앞에서 쩔쩔매는 모습도 보이고, 또 소심하게 삐치기도 하는 모습을 보니 그저 길을 가다 마주칠 법한 인상 좋은 할아버지와 다를 게 없었습니다. 더구나 현실의 문턱 앞에 좌절하면서 세상을 원망하듯 푸념하는 장면에서는 측은한 마음까지 들더군요. 우리는 어쩌다 그런 사람을 성인의 반열에 올려놓고 우러러보며 추앙했고, 또 이제는 죽어야만 할 사람으로 규정하게 되었을까요?

그러다가 이 강의를 준비하게 되었습니다. 한류 바람을 이끌고 있는 배우 이민호와 박신혜가 출연했던 작품, 「상속자들」과 『논어』를 엮어서 우리가 알고 있는 유가에 대한 오해를 풀어 보자는 의도를 담았습니다. 명문 사립 귀족 고등학교 '제국고'를 무대로 펼쳐지는 드라마 「상속자들」은 재벌가 자녀들과 사회배려자 여주인공의 이야기입니다. 극본을 맡았던 김은숙 작가가 워낙 유명해 방송 전부터 화제가 되었죠. "애기야 가자"라는 유행어를 낳은 「파리의 연인」이나 '이태리 장인이 한 땀 한 땀 정성을 들였다'던 트레이닝복이 화제가 되었던 「시크릿 가든」까지 모두가 그녀의 작품입니다. '신데렐라 콤플렉스를 자극하는 전형적인 상업 드라마'라는 문제제기는 잠시 접어두겠습니다. 어쨌거나 수많은 시청자의 눈과 귀를 사로잡은 드라마였으니까요. 이 작품과 동아시아 최고의 고전이라 할 수 있는 『논어』를 엮는 시도는 그 자체만으로도 의미가 있다고 생각합니다. 자기 합리화일지도 모르지만요.

엉뚱한 상상에서 출발해 보지요. 공자와 제자들은 지하에서 무료함을 달래기 위해 드라마를 자주 시청한답니다. 저승에서도 사건 사고가 없는 것은 아니지만 이승의 트렌드를 따라가는 것도 유행인가 봅니다. 공자는 개성이 뚜렷했던 제자들, 특히 자로子路, 자공子貢, 안회顔回, 증삼曾參 등과 드라마에 얽힌 이야기를 가지고 토론을 즐겼는데요. 최근에 함께 본 드라마가 바로 「상속자들」이랍니다. 네 명의 제자들이 던지는 날카로운 질문들은 그들의 관심사를 반영해서 상상해 본 것들이고, 그에 대한 공자의 답변은 『논어』에 등장하는 구절들로 대신했습니다. 자 이제 2,500년의 시간을 뛰어넘는 할아버지들(?)의 드라마 관람평으로 들어가겠습니다.

효에 관하여

◇ ◇ ◇

증삼이 묻습니다.

"선생님, 저는 은상이(박신혜)와 갈라서게 된 탄이(이민호)가 깨지고 다치면서 망가져 가는 모습이 안타까웠습니다. 아무리 그래도 부모님께 물려받은 몸을 그렇게 함부로 할 수는 없다고 생각합니다. 선생님께서 생각하시는 효孝에 관하여 들려주십시오."

첫 번째 질문의 주인공은 증삼입니다. 증삼은 공자보다 마흔아홉 살 아래로, 오늘 등장하는 네 명의 제자들 가운데 가장 어립니다. 보통 부모 세대와의 나이 차이가 30년 정도임을 감안하면 49년의 나이 차이는 실로 엄청납니다. 과연 공통의 관심사가 있기나 했을까 의심이 들기도 하지요. 어쨌거나 공자는 그가 효도에 능했다고 여겨 가르침을 베풀었다고 합니다. 『사기史記』의 저자, 사마천司馬遷, ?~BC 86은 증삼이 『효경孝經』을 지었으며 공자의 고향인 노나라에서 생을 마쳤다고 전합니다.

『효경』의 맨 첫 장에는 유명한 구절이 있습니다. "사람의 몸과 머리카락, 피부까지도 모두 부모님께 물려받은 것이니, 감히 이것들을 손상시키지 않는 일이야말로 효의 시작이다." 증삼이 스스로 깨지고 다치면서 자기 몸을 상하게 했던 탄이의 행동을 문제 삼은 이유는 간단합니다. 부모님께서 아무리 자기 마음을 몰라 주신다고 해도 어찌 감히 부모님께 물려받은 몸을 함부로 상하게 할 수 있겠느냐는 입장이지요. 한마디로 그런 모습이 불효不孝라고 본 것입니다. 자 이제 공자의 답변을 들어볼까요?

자유가 효에 대해서 여쭙자 공자께서 말씀하셨다. "오늘날에는 물질적으로 부모를 봉양하는 것을 효라고 생각하는데, 개와 말도 그렇게는 한다. 공경하는 마음이 없다면 개나 말 따위와 다른 게 무엇이겠느냐?"

子游問孝. 子曰, "今之孝者, 是謂能養. 至於犬馬, 皆能有養, 不敬, 何以別乎?" ──『논어』, 「위정」

66

부모란 그 지위를 얻은 순간부터 죽을 때까지 늘 자식을
걱정하며 산다. 그게 숙명이다.

99

자유라는 제자가 공자에게 효에 관해 묻는 장면입니다. 공자의 답변은 의외로 간단합니다. 돈으로 할 수 있는 효도는 개나 말의 그것과 다를 바가 없지 않겠느냐? '공경하는 마음'에서 우러나지 않은 효도는 의미가 없다는 뜻입니다. 저 역시 많이 찔리는 대목입니다. 부모님의 잔소리는 평소엔 들은 척도 하지 않았으면서, 언젠가 나중에 돈을 많이 벌어서 꼭 효도하겠다고 다짐만 하고 있으니까요. 공자는 그런 우리들에게 멋지게 말씀하시네요. '개 같다'고. 효도는 결국 해외여행을 보내드린다거나 비싼 레스토랑에 모시고 가는 행위처럼 돈으로만 해결할 수 있는 문제는 아닙니다. 마음속으로 늘 공경의 마음, 기꺼이 해드린다는 마음이 없이는 소용이 없을 테니까요. 그래서 효도는 참 쉽지 않은가 봅니다. 한 장면을 더 보겠습니다.

맹무백이 효에 대해서 여쭙자 공자께서 말씀하셨다. "부모님으로 하여금 오직 자식의 병만을 걱정하게 해드리는 것이니라."
孟武伯問孝. 子曰, "父母唯其疾之憂." ──『논어』, 「위정」

'부모님으로 하여금 오직 자식의 병만을 걱정하게 해드리는 것'이 언뜻 무슨 의미인지 와 닿지 않으시죠? 쉽게 말하면 자식이 다치거나 아플 때만 아니라면 부모님께 걱정을 끼칠 일이 없도록 행동하라는 말입니다. 어쩌면 부모란 그 지위를 얻은 순간부터 죽을 때까지 늘 자식을 걱정하며 사는 게 숙명인지도 모르겠습니다. 팔순의 노모가 환갑의 아들에게 '차 조심'을 말하는 이유도 다 이 때문이겠지요. 자식이 다치거나 아프지 않기를 바라는 부모의 마음만은 공자도 어쩔 수 없다고 생각한 모양입니다.

그렇다면 이제 효도는 온전히 자식들의 몫이 되었습니다. 다치거나 아픈 것만 아니면 절대로 부모님께 걱정을 끼쳐서는 안 된다는 말이니까요. 취업도 척척, 연애와 결혼도 알아서 잘 해야지 그런 문제까지 부모님께서는 걱정을 끼쳐드려서는 안 됩니다. 불효니까요. 하지만 그런 효도는 오늘날엔 불가능에 가까운 것 같습니다. 어디 그게 우리 마음대로 되는 문제인가요? '이태백(이십대 태반이 백수)'이라는 신조어가 유행하더니 이제는 'n포 세대(취업난으로 인해 연애, 결혼에서부터 꿈까지도 포기해야 하는 청춘들의 현재 모습을 빗댄 말)'까지 등장한 마당에 구조적으로 불효할 수밖에 없는 사회적 상황이 문제가 아닐까요? 대한민국을 움직이는 권력자들이 우리에게 효도 좀 할 수 있는 풍토를 어서 만들어 주기를 바라봅니다.

공자께서 말씀하셨다. "아버지가 살아 계실 때에는 그가 품은 뜻을 관찰하고, 아버지가 돌아가신 뒤에는 그가 했던 행동을 살펴야 한다. 아버지의 삶의 방식을 삼 년 동안 고치지 않는다면 '효'라고 할 수 있겠지."

子曰, "父在觀其志, 父沒觀其行, 三年無改於父之道, 可謂孝矣." ──『논어』, 「학이」

> 부모도 사람이다. 언제든 실수를 할 수 있고, 잘못된 판단도 내릴
> 수 있다. 이에 부모는 스스로 물어야 한다. "과연 나는 자식들이
> 닮고 싶은 어른의 모습을 갖추었을까?"

특히 이 말은 꼼꼼하게 들여다볼 필요가 있습니다. 증삼의 질문에
대한 답에 가장 가까운 말이기도 합니다. '효도'는 '순종'과 이음동의
어일까요? 얼핏 보면 그렇게도 보입니다. 아버지의 삶의 방식을 고치
지 않고 따라야 효도라고 할 수 있으니까요. 하지만 공자의 이 말에는
엄청나게 중요한 전제가 숨어 있습니다. 우리가 아버지의 말씀과 행
동거지를 잊지 않고 잘 봐두었다가 그대로 따라야 한다고 가정해 보
죠. 만약 아버지가 알코올 중독에 가정폭력을 휘두르는 사람이었다면

어떨까요? 효도를 위해서는 늘 술을 퍼먹고 주먹다짐을 생활화하는 습관을 길러야겠군요. 그게 효도일 테니까요. 도박 중독으로 가정에 소홀했던 아버지였다면 어떨까요? 효도를 위해서는 우선 눈보다 빠른 손놀림을 통해 '밑장 빼기'부터 연마해야 할 겁니다. 효도를 위해서는 불가피한 일이지요. 손모가지가 날아갈지 모른다는 걱정도 필수입니다.

요즘에는 잘 쓰지 않지만 얼마 전까지만 해도 자식들이 부모님께 편지를 보낼 때면, 마지막에 으레 '불초자不肖子 아무개가 삼가 올립니다'라고 했습니다. 이때 불초자는 '닮지 못한 자식'을 의미합니다. 다시 말해서 부모님의 삶의 모습을 닮지 못하고 사는 못난 자식이라는 뜻으로, 자식들이 부모 앞에서 스스로를 낮출 때 쓰던 표현입니다. 그렇습니다. 앞선 공자의 말은 '부모란, 자식이 닮고 싶은 사람이어야만 한다'는 무시무시한 전제가 성립할 때만 가능한 말입니다. 사람이라면 누구나 처음 만나게 되는 어른이 부모입니다. 우리는 그 부모에게서 무엇이든 처음 배웁니다. 송나라 시대의 학자 주희朱熹는 '배우다[學]'를 '본받다[效]'로 풀었습니다. 본받을 만한 게 없는 부모에게서는 배울 바가 없다는 것이라고 볼 수 있지요. 불안한 가정환경에서 자란 아이가 훗날 범죄를 저지를 확률이 높은 것도 다 같은 이유에서입니다.

부모님도 사람입니다. 그래서 언제든 실수도 하고 잘못된 판단을 내릴 수도 있습니다. 그런 상황에 가만히 있는 것은 효도가 아닙니다. 도리어 잘못된 부분을 말씀드려야 합니다. 다만 공자는 완곡한 어투로 온건하게 간청하기를 주문합니다. 마음속으로는 화도 나고 답답하기도 하겠지요. 그래서 부모님 앞에서 표정을 부드럽게 하는 일이 어려운 일이라고도 했습니다.

정리해 보죠. 무조건 순종하고 따라야 하는 것은 효도가 아니었습니다. 제아무리 부모라 하더라도 자기의 영달을 위해 자식에게 행복을 포기하라고 말할 수는 없습니다. 더구나 탄이 아빠의 행동들은 협박과 감금에 가까웠으니까요. 드라마는 다큐가 아니고 드라마일 뿐이겠지만, '엄친아'와 '엄친딸'을 들먹이면서 자식을 옥죄기 전에, 부모들은 스스로 물어야 합니다. '과연 나는 내 자식들이 닮고 싶은 어른의 모습을 갖추었을까?'

예에 관하여
◇ ◇ ◇

안회가 묻습니다.

"선생님, 저는 평생 없이 살아서 그런지 겉치레에 엄청난 돈을 써대는 그들이 내내 못마땅했습니다. 형식적인 겉치레에 치중하기보다는 그 안에 내포된 내용이 더 중요한 게 아닐까요? 사랑하지도 않으면서 이미 약혼식을 치렀던 탄이와 라헬이가 안타까웠던 이유도 거기에 있습니다. 사람과 사람 사이의 관계는 서로에 대한 마음이 우선이지, 화려한 약혼반지처럼 눈에 보이는 것이 중요하지는 않은 것 같습니다. 어떻게 생각하십니까?"

두 번째 질문자는 안회입니다. 안회는 공자가 가장 아끼고 사랑한 제자였습니다. 공자와는 서른 살 정도 나이 차가 있었는데, 공자의 말에 토를 다는 일이 없이 늘 "예, 알겠습니다" 하고 대답하던 제자였습니다. 처음엔 공자도 그런 안회를 바보가 아닐까 하고 의심했답니다. "난 처음엔 저 녀석이 어리석은 줄로 알았었다"고 고백했으니까요.

안회는 몹시 가난하게 살았습니다. 거친 밥 한 그릇과 물 한 잔으로 끼니를 때웠지만 자신의 곤궁함을 못마땅하게 여긴다거나 하지 않았지요. 도리어 그 안에서 즐거움을 찾으려고 노력하는 모습에서 공자는 어질다는 칭찬을 아끼지 않았습니다. 또한 공자는 '배우기를 좋아한'던 제자, 즉 호학好學했던 제자로 유일하게 안회를 들었습니다. 호학은 공자가 자부한 덕목이기도 했었는데, 두 가지 이유에서 어린 제자 안회를 호학했던 인물이라고 평가했습니다. 화가 나는 일이 생겨도 다른 사람에게 화풀이하지 않았다는 게 첫 번째고, 같은 잘못을 되풀이하지 않았다는 점이 두 번째입니다. 둘 다 쉽지 않은 일이지요.

짜증 나고 화나는 일이 생기면 우리는 늘 화풀이의 대상을 찾습니다. 그게 엄마일 수도 있고 동생이나 형이 될 수도 있습니다. 사실 부모님도 마찬가지입니다. 저도 어릴 때 부모님이 부부싸움이라도 하시는 날에는 쥐 죽은 듯 조용히 지냈습니다. 괜히 꼬투리라도 잡히는 날엔, 평소에는 아무 문제가 되지 않던 일들도 꾸중과 잔소리의 이유가 되었으니까요. 같은 잘못을 되풀이하지 않는 것은 또 어떻습니까? 저는 이 부분은 '실수'와 '잘못'으로 구분합니다. 실수는 누구나 할 수 있지요. 하지만 그게 되풀이되면 '잘못'이 됩니다. 실수는 용서받을 수 있지만, 잘못은 용서받기 어렵습니다. 어쨌거나 안회는 그런 제자였습니다. 하지만 안타깝게도 그는 젊은 나이에 세상을 떠났고, 공자는 사랑하는 제자의 죽음을 지켜봐야만 했습니다.

안회의 질문으로 돌아가겠습니다. 형식적인 겉치레보다 속마음이 더 중요한 게 아니냐는 질문이었죠. 흔히 유가를 비판하는 사람들은 유가가 예禮라는 형식과 겉치레만을 너무 중요하게 여긴다고 지적합니다. 묵자도 유가를 비판하면서 예의나 예법이라는 이름으로 행해지는 온갖 형식과 겉치레를 비판했습니다. 특히 장례를 치를 때에 너무 많은 비용을 쓰기 때문에 백성들의 삶에 전혀 도움이 되지 않는다고 했습니다. 그렇다면 정말 공자는 그렇게 예의와 격식을 중요하게 여겼을까요? 공자의 이야기를 들어보겠습니다.

공자께서 말씀하셨다. "예법이라고 예법이라고 말하지만, 그게 어찌 옥이나 비단을 두고 하는 말이겠느냐? 음악이라고 음악이라고 말하지만, 그게 어디 종이나 북을 두고 하는 말이겠느냐?"

子曰, "禮云禮云, 玉帛云乎哉? 樂云樂云, 鐘鼓云乎哉?" ——『논어』, 「양화」

예법과 음악은 제사나 예식과 같은 '세레모니'에 등장하는 모든 격식을 아우르는 의미라고 보시면 되겠습니다. 따라서 옥이나 비단, 종과 북은 예악(禮樂)에서 굉장히 중요한 요소라고 할 수 있습니다. 하지만 공자는 예악의 의미가 그런 겉치레에 있지 않다고 말합니다. 물론 옥이나 비단 없이 예식을 치르고, 종과 북이 없이 음악을 연주할 수는 없습니다. 그럼에도 불구하고 공자는 왜 이처럼 말했을까요? 그는 내면에 숨겨진 진정성이 없는 겉치레는 의미가 없다고 생각했습니다. 마치 공경하는 마음이 없는 효도가 개와 말의 그것과 다를 바가 없다는 이야기와 마찬가지입니다. 한 장면을 더 볼까요?

공자께서 말씀하셨다. "삼베로 만든 관을 쓰는 것이 예법이었으나 요즘은 명주로 만든 것을 쓰는구나. 이는 검소한 일이므로 나도 대중이 하는 바를 따르겠다. 당 아래에서 절하고 올라가는 것이 예법이었으나 요즘은 당 위에 올라가서 절을 하는구나. 이는 거만한 짓이므로 비록 대중이 그렇게 한다고 해도 나는 따르지 않으련다."

子曰, "麻冕, 禮也, 今也純, 儉, 吾從衆. 拜下, 禮也, 今拜乎上, 泰也. 雖違衆, 吾從下." ──『논어』,「자한」

예에 관한 공자의 생각이 잘 정리된 문장이라고 생각합니다. 삼베로 엮은 관을 쓰는 것이 전통적인 예법이지만 값이 비싸기 때문에 요즘 사람들은 명주로 만든 관을 쓴다는 겁니다. 공자는 곧바로 동의하고 따르겠다고 말합니다. 앞서 유가가 겉치레에 너무 많은 비용을 쓴다고 비판했던 묵자의 입장과 크게 다르지 않은 것 같습니다. 반면에 당 아래에서 절하는 것과 당 위에서 절하는 것은 비용의 문제가 아니라 순전히 정성의 문제입니다. 당 아래에서 절하고 올라가 다시 절하는 것이 예법이었지만 지금 사람들은 대부분 당 아래에서 하는 인사를 생략한다는 겁니다. 공자가 단호하게 따르지 않겠다고 말하는 까닭은 예법이라는 것이 단순히 귀찮다고 생략할 수 있는 문제가 아니라고 보았기 때문입니다.

영화 「공자」에도 이와 유사한 장면이 등장합니다. 공자가 왕을 뵈러 입궐을 하는 장면, 왕의 모습은 아직 보이지 않습니다. 하지만 우직한 공자는 거듭 왕이 계신 곳을 향해 인사를 합니다. 마중 나왔던 신하가 도리어 공자에게 '굳이 그렇게까지 하실 필요가 있느냐?'고 물을 정도였죠. 삼가는 표정으로 자못 진지한 공자에게 예법은 누군가에게 보여 주기 위한 것이 아니라 자기 스스로에게 부끄럽지 않기 위한 일종의 약속이라고 생각됩니다. 이제 다른 장면을 보겠습니다.

안연이 세상을 떠나자 공자께서 서럽게 울며 곡을 하셨다. 이를 지켜본 다른 사람이 말했다. "선생님, 지나치게 슬퍼하십니다." 공자께서 말씀하셨다. "내가 지나치게 슬퍼하고 있느냐? 하지만 저 녀석을 위해 슬퍼하지 않는다면 도대체 누구를 위해 그렇게 하겠느냐?"
顔淵死, 子哭之慟. 從者曰, "子慟矣!" 曰, "有慟乎? 非夫人之爲慟而誰

爲?" ——『논어』, 「선진」

　예의와 형식은 중요합니다. 하지만 더 중요한 것이 있습니다. 속마
음이지요. 애제자 안연이 세상을 떠나자 공자는 몹시 슬퍼했습니다.
"하늘이 나를 버리시는구나!"라며 탄식하기도 했습니다. 세상이 무너
지는 느낌이었는지도 모릅니다. 그래서 비통한 마음을 감추지 못하고
슬피 울었습니다. 하지만 그 모습이 좀 지나쳤던 모양입니다. 어떤 사

람이 공자에게 너무 심하게 곡을 하는 것도 예의에 어긋난다고 핀잔을 주었으니까요. 하지만 공자는 울부짖는 목소리로 그를 나무라고 있습니다. "예의가 뭐가 중요하냐? 이 녀석의 죽음 앞에 내가 슬퍼하지 않으면 도대체 누가 슬퍼한단 말이더냐?"

여러분은 혹시 사랑하는 사람을 먼저 떠나보낸 경험이 있으신가요? 부모 형제의 죽음 앞에 평정심을 유지할 수 있는 사람은 없습니다. 만약 있다면 온전한 사람은 아닐 겁니다. 사랑하는 사람이 세상을 떠났다고 상상해 보세요. 하늘이 무너진 느낌에 세상 모든 것을 원망하게 됩니다. '왜 하필 이 사람이냐고.' 그와 함께했던 일들, 그의 마음을 아프게 했던 기억들이 떠오르면서 견디기 어려울 만큼 고통스럽습니다. 상처 입은 늑대가 광야에서 울부짖는 것처럼 남겨진 자는 이성을 잃고 울며 비통해합니다. 그게 정상이지요. 공자는 다른 곳에서 예의 근본을 묻는 제자에게 이렇게 답하기도 했습니다. "좋은 질문이구나. 예는 사치스럽기보다는 차라리 검소해야 하고, 상례喪禮는 절차에 따라 쉽게 잘 치르기보다는 차라리 슬퍼해야 한다." 부모님께서 세상을 떠나신 마당에, 마치 기다렸다는 듯 장례 절차에 따라 척척 진행시키는 자식과 반면에 넋이 나간 듯 아무 말도 못하고 목 놓아 우는 자식 중에 과연 어느 쪽이 정상이겠습니까?

홍동백서紅東白西라는 말이 있습니다. 제사를 지낼 때에 붉은색 과일은 동쪽에 두고, 흰 과일은 서쪽에 둔다는 뜻을 지닌 제사 예절 용어입니다. 하지만 저는 전혀 다른 해석을 합니다. 요즘 시대에 진짜 홍

| B급 철학 |

동백서는 '양념 반, 후라이드 반'이지요. 우스갯소리가 아닙니다. 제 삿날은 일 년 중에 고인을 기억하는 유일한 하루입니다. 그가 좋아하던 음식들을 상에 올리고, 일 년 내내 잊고 지내던 그를 다시 추억하는 것이 제사의 진정한 의미일 것입니다. 제사는 추원追遠이라고도 표현합니다. 기억에서 멀어져 가는 그분을 단 하루라도 추억追憶해 보는 날이라는 뜻이지요. 생전에 과일은 입에도 대지 않으셨던 고인을 추억하는 날, 과일을 상에 올리는 짓은 고인을 욕되게 하는 일이 아닐까요? 채식주의자였던 고인을 추억하는 날, 고기를 상에 올리는 짓은 어떻습니까? 평소에 '치맥'을 즐기시던 그분을 추억하고자 한다면 '양념 반, 후라이드 반'이 예의에 가깝지 않을까요? 결국 예의 의미는 형식 자체에만 있는 것이 아닙니다. 그 안에 담겨진 마음에 있는 것이지요.

탄이와 라헬이의 값비싼 약혼반지가 그들의 사랑을 증명하지는 못했습니다. 형식과 겉치레는 그 안에 내포된 의미가 사라지면 아무런 소용이 없습니다. 반대로 가난한 남녀가 들꽃으로 만든 꽃반지로 사랑을 약속했다면 어떨까요? 꽃은 시들겠지만 그 사랑은 영원할지도 모릅니다. "다이아몬드는 영원히A Diamond Is Forever." 한 다이아몬드 회사의 광고 문구로 기억합니다. 두 사람의 사랑은 보이지 않습니다. 다만 눈에 보이는 증표로 영원하다는 다이아몬드를 선택하는 것뿐입니다. 하지만 그 다이아몬드가 영원한 사랑을 증명하지는 못합니다. 진짜 중요한 것은 겉치레나 형식이 아니기 때문입니다.

부에 관하여

◇ ◇ ◇

자공이 묻습니다.

"선생님! 부자는 모두 나쁜 사람들일까요? 저는 돈을 버는 일 자체가 나쁘다고 생각하지는 않습니다. 훗날 조선의 선비들 중에는 처자식이 쫄쫄 굶고 있는데도 골방에 처박혀서 글공부만 했던 한심한 선비들이 있었답니다. 그 따위 공부가 무슨 소용이 있습니까? 남편과 아비 노릇도 못하면서 군자가 어쩌고, 천하가 어쩌고는 거짓입니다. 어떻게 생각하십니까?

자, 이제 스마트한 자공의 질문입니다. 공자는 자공을 언어에 능한 제자로 평가했습니다. 『사기』에는 그가 '한 번 움직여서 10년 사이에 다섯 나라에 걸쳐 각각 큰 변동을 일으켰'고 전합니다. 외교 문제를 다루는 능력이 탁월한 인물이었죠. 외교 능력은 언어를 구사하는 능력과 관계가 있습니다. '말'을 잘하는 사람, 즉 '말발'이 좋은 사람이었고, 당연히 수완도 남달랐던 모양입니다. 춘추전국시대에 이름난 부자들의 기록인 『사기』「화식열전」에 등장한다는 점만 봐도 그의 비범한 능력을 쉽게 가늠할 수 있습니다. 그러니 자공이 「상속자들」에 등장하는 부자들을 단지 돈이 많다는 이유만으로 비판하는 것이 과연 온당하냐는 질문을 던질 수 있었던 것이지요. 그래서 조선시대 선비들의 모습이 몹시 답답했던 겁니다. 청렴함만을 강조한 나머지 물질적 이익 자체를 나쁘다고 보았으며, 심지어 처자식을 굶겨 가며 자기 공부에만 매달렸던 모습이 한심했겠지요. '부유해도 교만하지 않다면 괜찮은 게 아닌가'라며 넌지시 공자의 의중을 떠보는 자공의 모습이 『논어』에 등장하기도 합니다. 어쨌거나 똑똑했고 경제적으로도 넉넉했던 제자가 바로 자공입니다.

공자가 세상을 떠난 뒤, 그의 제자들은 대부분 삼년상을 마치고 각자의 길을 찾아 떠났습니다. 하지만 자공만이 홀로 남아 삼 년을 더 공자의 무덤 곁을 지켰다고 합니다. 대부분의 학자들은 공자에 대한 자공의 존경심이 유독 깊었기 때문이라고들 말하지만, 제가 볼 때는 그렇게 해도 괜찮을 정도로 부유했기 때문이 아닐까 의심해 봅니다. 당장 굶어 죽게 생겼는데 이미 떠난 스승 곁을 어느 누가 지킬 수 있었겠습니까? 너무 불손한 의심일까요?

언어의 달인, 자공의 화술은 다른 곳에서도 보입니다. 스승 공자는 왜 정치 일선에 나서지 않을까요? 많은 제자들은 이 점이 몹시 궁금했습니다. 세상이 어쩌고, 정치가 저쩌고를 입에 달고 살았던 스승이 왜 정작 공직에 나서지 않는가를요. 이럴 때는 능력자가 나서야겠죠? 자공이 공자에게 묻습니다. "선생님, 여기에 아름다운 옥이 있다면 장 속에 감추어두시겠어요? 아니면 내다 파시겠어요?" 공자를 아름다운 옥에 빗댔습니다. 진귀한 가치를 지닌 옥이라면 어서 팔아야지, 장 속에 감추어만 둔다면 그 가치를 어떻게 드러낼 수 있겠느냐는 의도가 깔려 있습니다. 스승 공자도 보통은 아니었으니 질문의 의도를 금방 눈치 챌 수 있었겠지요? 그래서 이렇게 답합니다. "그래, 팔아야지. 물론 팔아야지. 나는 다만 그 물건의 가치를 알아볼 수 있는 상인을 기다리고 있단다." 공자도 이미 알고 있었던 겁니다. 자기의 정치적 역량을 옥에 빗댄 이유를요. 다만 자신의 가치를 알아주지 않는 세상에 감히 나설 수는 없었던 것이지요. 세상에 나서거나 숨어서 때를 기다려야 한다는 의미의 '진퇴進退' 문제를 공자가 얼마나 중요하게 여기고 있는가를 이해하게 되는 대목입니다.

다시 자공의 질문으로 돌아가겠습니다. 부유함은 그 자체로 나쁜 것일까요? 선비라면 자고로 이익 따위에 관심을 두면 안 되는 것일까요? 공자의 이야기를 들어 보겠습니다.

공자께서 말씀하셨다. "부귀는 누구나 바라는 것이지만 옳은 방법으로 얻지 못한다면 받아들이지 않아야 하며, 빈천은 누구나 싫어하는 것이지만 옳은 방법으로 벗어나지 못한다면 피하지 말아야 한다. 군자가 인에서 벗어나면 어찌 군자라고 할 수 있겠느냐? 군자는 밥 먹을 동안에도 인을 어기지 않아야 하고, 갑자기 위급한 상황에 놓이거나 넘어지는 순간까지도 그래야 하느니라."

子曰, "富與貴, 是人之所欲也, 不以其道得之, 不處也. 貧與賤, 是人之所惡也, 不以其道得之, 不去也. 君子去仁, 惡乎成名? 君子無終食之間違仁, 造次必於是, 顚沛必於是." ──『논어』, 「리인」

| B급 철학 |

공자는 말했습니다. 부유함과 귀함은 사람이라면 누구나 바라는 것
입니다. 다만 '옳은 방법[義]'으로 얻은 것이어야 합니다. 반대로 가난
함과 천함은 사람이라면 누구나 싫어하는 것이죠. 그러나 '옳은 방법'
이 아니라면 피하지 말아야 합니다. 이 말 어디에도 공자가 부유함 자
체를 싫어했다고 추론할 수 있는 부분은 없습니다. 다만 '옳은 방법'을
견지하는 것이 중요하다는 입장이지요. 공자는 그것을 '인仁'에 비유하

기까지 했습니다. 『논어』에 무려 109번이나 등장하는 인仁의 의미에는 '옳은 방법'이라는 뜻의 '의義'가 포함되어 있는데, 의義라는 기준에 부합하는 이익은 바라도 괜찮다는 말입니다. 이 구절과 엮어서 봐야 할 장면을 하나 더 소개하겠습니다.

공자께서 말씀하셨다. "…… 천하에 도가 행해지면 나와서 일하고, 도가 행해지지 않으면 숨는다. 나라에 도가 행해지는데도 가난하고 미천하다면 부끄러운 일이고, 나라에 도가 행해지지 않는데도 부유하거나 귀한 것도 부끄러운 일이다."
子曰, "…… 天下有道則見, 無道則隱. 邦有道, 貧且賤焉, 恥也, 邦無道, 富且貴焉, 恥也." ──『논어』, 「태백」

천하에 도가 행해진다는 의미의 '천하유도天下有道'에 주목해야 합니다. 공자는 이와 유사한 의미로 '국유도國有道'와 '방유도邦有道'라는 표현을 쓰기도 했습니다. 모두 '나라에 도가 행해진다'는 의미입니다. 천하에, 혹은 나라에 도가 행해지는데도 가난하고 미천하다면 부끄러운 일이라고 말했습니다. 반대로 천하에, 혹은 나라에 도가 행해지지 않는데도 부유하거나 귀한 것도 부끄러운 일이라고 했습니다. 당장 이해되기 어려운 말이지만 현대적으로 풀어 보면 누구나 쉽게 수긍이 가는 말입니다. 풀어 보면 이렇습니다. "누구나 노력한 만큼의 대가를 기대할 수 있는 세상, 그래서 누구에게나 자기의 능력을 맘껏 발휘할

| B급 철학 |

수 있는 기회가 보장된, 그런 공정한 나라에 사는 사람이면서 가난하거나 미천하다면 부끄러워할 일이다. 왜냐하면 그렇게 가난하고 미천한 이유가 온전히 자신의 게으름에 있기 때문이다. 반대로 누구나 노력한 만큼의 대가를 기대할 수 없는 세상, 그래서 공정한 기회 따위는 애초에 기대조차 할 수 없는 세상에 살면서 부유하거나 귀하다면 부끄러워할 일이다. 왜냐하면 편법과 탈법 등으로 남을 속여 얻은 것이기 때문이다." 어떠세요? 고개가 끄덕여지지 않나요? 나서야 할 때와 물러서야 할 때를 나누었던 공자의 입장이 이해가 됩니다.

공자가 살았던 세상은 어땠을까요? 공정한 기회가 누구에게나 열려 있는 세상이었을까요? 그래서 묵묵히 자신의 일을 해나가면 언젠가 부자가 될 수 있는 세상이었을까요? 그렇지 않습니다. 오죽했으면 "아침에 도를 들으면 저녁에 죽어도 좋다"고 했을까요? 이 말을 현대식으로 바꾸면 이렇게 됩니다. "누구나 노력한 만큼의 대가를 받을 수 있는 공정한 사회가 구현되기만 한다면, 나는 죽어도 여한이 없다." 서글픈 것은 2,500여 년의 시간이 흘렀지만 지금도 그때와 별반 다르게 없어 보인다는 점입니다. '헬조선'이 괜히 나온 말이겠습니까?

그래서 공자는 외로운 사람이었습니다. 자신의 말에 귀를 열어 주지 않는 사람들을 원망했습니다. 자신의 도가 구현될 수 있는 땅을 찾아 떠돌아 다니기도 했습니다. 그러다가도 '다른 사람이 알아주지 않음을 걱정하지 말고, 자신의 능력 없음을 걱정하라'며 자책하기도 했습니다. 또 어떤 사람은 공자를 '안 되는 줄 알면서도 시도하는 사람'

> **66**
> 언젠가 자로는 공자에게 "임금을 섬기는 법"에 대해 물었다.
> 공자는 "속이지 말고 대들어라"라고 대답했다. 부모의 격렬한
> 반대에 부딪힌 탄은 왜 부모의 뜻을 당당히 거역하지 못했을까?
> **99**

이라고 비아냥거렸습니다. 공자의 지향이 너무 이상적이어서 시대착
오적이었다는 것이지요. 하지만 세상은 그런 '바보'들이 만들어 가는
게 아닐까요? 딱 봐서 안 될 일이라면 쉽게 포기해 버리는 사람들로
만 세상이 이루어졌다고 상상해 봅시다. 그런 세상에서는 에디슨이나
라이트 형제와 같은 과학자도 나올 수 없으며, 안중근이나 윤봉길처
럼 자기 목숨을 던져 가면서까지 독립을 외치는 의사들도 나올 수 없

었을 겁니다.

청소년들을 대상으로 강연을 할 때가 있습니다. 저는 종종 묻습니다. "여러분은 지금의 대한민국이 누구나 노력한 만큼의 대가를 기대할 수 있는 공평한 세상이라고 생각하세요?" 어떤 대답이 나올까요? 실제로 열 명 중에 일고여덟 명은 그렇지 않다고 답합니다. 대한민국의 미래를 책임질 청소년들의 대부분은 우리나라가 무도無道한 세상이라고 생각합니다. '기울어진 운동장'이라고 생각합니다. 어른으로서 참 부끄러웠습니다. 누가 이 생기발랄해야 하는 청춘들을 절망하고 체념하게 만들었을까요?

공자의 대답처럼 부유함과 귀함을 추구하는 것 자체는 전혀 비판받을 일이 아닙니다. 오히려 사람이라면 누구나 바라게 되는 지극히 자연스러운 일입니다. 다만 그전에 매우 중요한 전제 하나가 성립되어야 합니다. 우리 사회가 공자가 말한 '유도有道한 세상', 즉 누구에게나 공정한 기회가 주어지는 공평한 세상이어야 한다는 전제입니다. 그렇다면 그런 세상은 누가 만들 수 있을까요? 아마도 공자는 이렇게 답할 겁니다. "자기 임금을 자기들이 뽑는 세상에 살면서 별 걱정을 다 하는구나. 투표가 답이니라."

의에 관하여

◇ ◇ ◇

자로가 묻습니다.

"선생님, 저는 탄이 아빠나 영도 아빠가 너무 심하다고 생각했습니다. 라헬이 엄마나 효신이 엄마도 마찬가집니다. 무조건 자기 말에 따르라고 윽박지르는 부모가 좋은 부모일 리가 없지 않습니까? 자기들은 부모이고 어른이니 무조건 옳다고 믿나 봅니다. 더 심각한 문제는 아이들의 태도입니다. '내 눈에 흙이 들어가기 전에는 절대로 안 된다'는 부모님께 곱디고운 모래 한 줌, 눈가에 확 뿌려 드리는 용기가 왜 없을까요?"

마지막 질문은 자로의 몫입니다. 스승 공자와의 나이 차이는 아홉 살 남짓에 불과했고, 성질이 워낙 불같아서 공자의 제자가 되기 전에는 공자를 업신여겨 폭행하려고 했답니다. 공자에게 감화를 받아서 이제 겨우 사람 구실을 하게 된 인물이지요. 자로가 어느 날 공자에게 '임금 섬기는 법'에 관해 물었습니다. 임금을 모실 때에는 어떤 자세가 필요하겠느냐는 질문이지요. 공자는 답합니다. "속이지 말고 대들어라." 너무합니다. 말투나 얼굴 표정까지도 속이지 말고 대들라고? 그것도 임금에게? 권력자의 말 한마디에 목숨이 오고 가던 시대에, 그것도 불같은 성격의 소유자 자로에게 공자는 이렇게 무시무시한 지침

| B급 철학 |

을 전했습니다. 그러면서 또 다른 곳에서는 "자로 저 녀석, 아마 제 명에 죽지 못할 게야"라고도 했습니다. 공자는 도대체 왜 그랬을까요?

불길한 예감은 빗나가지 않는 법. 위나라 궁궐에서 난리가 났을 때입니다. 다들 목숨만은 건져야겠다고 줄행랑을 치던 상황이었지요. 때마침 자로가 궁에 들어가고 있었습니다. 몸을 피하던 신하들이 만류했을 게 불을 보듯 뻔합니다. 꿋꿋한 자로, 의리의 아이콘 자로는 피하지 않았습니다. 결국은 비극적인 죽음을 맞이하지요. 자로의 주검은 얇게 저며지고 젓갈에 담가지는 수모를 겪게 됩니다. 이 소식을 들은 공자가 집에 있던 젓갈들을 모조리 내다 버리라고 명령을 내립니다. 친구 같은 제자의 죽음을 쉽게 받아들이지 못해서였겠지요. 다시 의문점이 생깁니다. 공자는 왜 자로에게 현실과 타협하지 말고 당당하게 맞서기를 주문했을까? 저는 아마도 자로의 강직함만큼은 공자도 감히 어찌할 수 없다고 생각했으리라고 봅니다. '스승에게 하나를 들었고, 그것을 실천으로 옮기지 못했다면 더 듣기를 두려워했다'던 자로였습니다. 스승의 말씀을 빠짐없이 실천하고자 노력했고, 그렇게 하지 못하면 더 배우기를 저어했던 자로였습니다. 그래서 스승 공자도 그가 '옳음'이라는 기준에 위배되는 행동만큼은 절대로 하지 못하리라는 점을 잘 알고 있었습니다. '도가 구현되는 세상이라면 나서서 자기 재주를 뽐내고, 그렇지 않은 세상이라면 물러서서 재주를 감출 수 있는 사람은 안회'였지 자로는 그럴 수 없는 인물이었지요.

그런 자로의 질문으로 돌아갑시다. 투박하고 우직한 제자의 질문은 간단합니다. '윗사람의 말이라고 해서 무조건 따라야 하느냐'지요. 윗사람이라고 언제나 옳을 수는 없지 않느냐는 말일 겁니다. 공자가 생각한 윗사람의 덕목은 무엇일까요? 여러 측면에서 이야기를 했었지만 자공의 질문에 적절한 공자의 대답을 추려보았습니다.

공자께서는 네 가지 잘못이 없으셨다. 선입견이 없었고, 반드시 그래야 함도 없었고, 고집도 없었으며, 아집도 없었다.

子絶四, 毋意, 毋必, 毋固, 毋我. ―『논어』, 「자한」

아마도 오랫동안 지켜봤을 제자 가운데 한 사람의 증언이 아닐까 생각합니다. 이 제자가 바라본 스승 공자는 다른 것은 몰라도 이 네 가지가 분명히 없었다는 겁니다. 이른바 '4'가지 없는 공자의 모습입니다. 하나씩 살펴볼까요? 첫째는 '선입견'입니다. 주희는 이 말을 사견이나 사심을 의미하는 사의私意로 풀었습니다. 다시 말해 공자는 누군가와 대화를 할 때에 '답정녀(답은 정해 두었으니 너는 대답만 하라)'는 아니었다는 말입니다. 둘째는 '꼭 그래야 함'입니다. 상황에 맞게 살필 일이지 무조건 꼭 해야 한다거나 반드시 하지 않으면 안 된다는 게 없던 사람이 공자였다는 거죠. 셋째는 '고집'입니다. 원문은 '고固'라는 글자인데, 여기에서는 견고堅固하다는 의미보다는 고집固執이나 집착執著에 가까운 말로 읽을 수 있습니다. 넷째는 '아집'입니다. 어떤 일을 도모할 때에 자기 생각을 먼저 내세우지 않았다는 뜻입니다. 공자에게는 없다던 네 가지, 즉 '선입견', '꼭 그래야 함', '고집', '아집'은 한마디로 그가 자기 입장만을 강조하는 꼰대가 아니었다는 의미일 것입니다. 어떤 문제를 두고, 혹은 어떤 일을 결정하기에 앞서 우리는 토론과 대화를 해야만 합니다. 토론과 대화의 전제는 '열린 마음'이겠지요. 미리 정해 둔 자기 생각을 꼭 관철시키고야 말겠다는 확고한 입장에서 출발한 토론이나 대화가 온전할 리가 없습니다. 그래서 공자는 탄력적인 사고를 할 수 있는 인물상을 제시합니다.

공자께서 말씀하셨다. "군자는 그릇처럼 정해진 틀이 없단다."
子曰, "君子不器." ──『논어』, 「위정」

그릇은 각기 모양이 정해져 있습니다. 둥근 그릇, 네모난 그릇. 이 그릇에 물을 담아 볼까요? 그릇의 모양에 따라 둥글거나 네모난 모양으로 변하게 됩니다. 공자가 이상적 인간으로 손꼽았던 군자는, 이런 정해진 규격과 틀을 탈피하는 '열린 사고'의 인물이었습니다. 이미 규정해 놓은 틀에 담아내겠다는 것이 아니라 상황에 따라, 입장에 따라 가변적인 사람이 될 것을 주문하고 있는 것이지요. 공자는 또 이런 말도 했습니다.

공자께서 말씀하셨다. "군자는 세상 모든 일에 대해서 꼭 그래야 한다는 것도 없고 절대로 안 된다는 것도 없다. 다만 의로운가를 떠올릴 뿐이다."

子曰, "君子之於天下也, 無適也, 無莫也, 義之與比." ——『논어』, 「리인」

나는 이들과 다르다. 꼭 그래야 하는 것도 없고, 꼭 그래서는 안 된다는
것도 없다.

我則異於是, 無可無不可. ——『논어』, 「미자」

'꼭 그래야 하는 것'의 의미는 무엇일까요? 반대로 '꼭 그래서는 안
된다는 것'은 무엇일까요? 네일아트를 너무 좋아해서 직업으로 삼을
까 심각하게 고민하고 있는 남학생이 있다고 해보죠. "남자가 좀스럽
게 네일아트가 뭐냐?"는 비판에 직면할 게 뻔합니다. 직업에는 귀천
이 없다고들 말하면서 남자니까 꼭 이래야 하고 여자니까 꼭 저래야
한다는 식의 발언은 몰상식의 발로 그 자체입니다. 다른 측면에서도
볼 수 있습니다. '폭력은 무조건 나쁘다.' 물론 물리적인 힘을 이용해
서 상대를 제압하는 행위는 옳지 않습니다. 특히 문명화된 인류 사회
에서는 죄악시되는 부분이지요. 하지만 자신이나 가족이 위협을 받는
상황에 놓이면 어떨까요? 상대방을 먼저 제압하지 않으면 사랑하는
사람이 죽거나 다칠 수 있는 긴박한 상황에서도 우리는 비폭력과 대
화로 풀어 나가야 할까요? 법이 정당방위로써의 폭력을 용인하는 까
닭이 여기에 있습니다. 같은 행위라도 주인공이 처한 상황에 따라 옳
거나 그른 일이 되기도 하니까요.
　　하지만 주의해야 할 것이 있습니다. 주어진 상황에 따라 기준이 다

르다는 말은 자칫 일정한 기준이 없이 이랬다가 저랬다가 해도 괜찮은 것으로 이해될 수 있다는 점입니다. 그러나 공자의 가르침에는 귀중한 하나의 기준이 있었습니다. 바로 '의로움[義]'이지요. 옳음, 공정함, 공평함을 뜻하는 의義는 앞서 자공의 질문에 대한 공자의 대답에서도 등장했습니다. "부유함과 귀함은 누구나 바라지만, '옳은 방법'이 아니라면 구하지 말아야 한다"는 말을 기억하시죠? 공자에게는 무조건 해야 하는 것과 무조건 하면 안 되는 것은 존재하지 않습니다. 시간과 공간을 초월하는 보편적인 기준이란 '옳음'밖에는 없습니다.

'내 눈에 흙이 들어가기 전까지는 절대로 안 된다'는 부모들이 많습니다. 이런 부모들의 마음속에는 이른바 '본전 생각'이 자리하고 있다고 봅니다. 자식을 키우면서 들인 시간과 돈을 마치 투자로 생각하고, 투자한 만큼의 결과물을 회수하고 싶다는 계산이 깔려 있는 것이죠. 속물 근성이 뼛속까지 물들어 간 사람들이기에 측은한 마음이 들 정도입니다. "내가 너를 어떻게 키웠는데 네가 이럴 수 있느냐? 먹여 주고 재워 주고 똥오줌 다 받아 내면서 키웠는데 이제 와서 네가 나에게 어떻게 이럴 수 있느냐"고요? 제게도 세 살짜리 아들이 하나 있습니다. 저 역시 먹여 주고 재워 주고 기저귀도 갈아 주었지만 '본전 생각'은 하지 않습니다. 방긋 웃는 모습에서, 처음 '아빠' 하고 불러 주었을 때, 제 팔에 안겨 새근새근 잠이 들었을 때. 그때 이미 저는 충분히, 아니 그보다 훨씬 큰 보상을 받았습니다. 덕분에 많이 웃었고, 힘이 솟았고, 더 열심히 살아야겠다고 마음을 다잡았습니다. 그거면 충

66
우리는 누군가의 선배이자 친구이자 후배이다. 이 사실을
자각하고, 서로 배려할 때 세상은 더 살 만해질 것이다.
99

분합니다. 반려동물을 키우는 사람들의 마음도 이와 다르지 않을 겁니다. 개나 고양이를 키우면서도 먹여 주고 재워 주고 똥오줌도 치워 준다고 '본전 생각'을 하는 사람들은 없습니다. 꼬리를 흔들고 반갑게 맞이하는 모습에서 이미 본전은 뽑은 겁니다. 어떻게 사람의 탈을 쓰고 자식들에게 '너 키우며 들인 돈이 얼만데' 따위의 말을 함부로 할 수 있습니까?

'전라도 남자는 안 된다', '교회 다니는 여자는 안 된다', '외국인은 안 된다. 더구나 흑인 사위는 내가 살아 있는 동안에는 절대로 받아들일 수 없다' 등. 탄이 부모님이 은상이를 반대한 이유도 이와 마찬가지였습니다. 사랑이나 결혼의 수많은 전제들 가운데 '옳음'이라 말할 수 있는 단 하나의 기준은 누가 뭐래도 '행복'일 겁니다. '행복'이라는 보편적 기준 앞에서 출신 지역, 종교, 국적이 무슨 상관이겠습니까? 자기의 좋고 싫은 기준 때문에 자식의 행복을 인정하지 못하는 부모는 부모가 아니라고 했습니다. 부모의 명령이야 따라야 하겠으나 부모가 아닌 부모의 명령은 굳이 따를 필요가 있을까요?

끝으로 제가 좋아하는 『논어』 구절 하나만 더 보고 마칠까 합니다.

공자께서 말씀하셨다. "나보다 늙은 사람들은 편안하게 해 드리고, 또래나 친구들에게 신뢰를 얻고, 나보다 젊은 사람들은 품어 주고 싶구나."

子曰, "老者安之, 朋友信之, 少者懷之." ──『논어』, 「공야장」

공자의 좌우명이 아닐까 생각합니다. 비록 인仁이나 도道, 덕德과 같은 학술적 개념은 등장하지 않지만, 어딘가 사람 냄새가 나는 것 같아서 제가 무척 좋아하는 구절입니다. 세상에는 세 부류의 사람들이 있습니다. 나보다 어른이거나, 또래이거나, 어린 후배들이겠지요. 나보다 어른을 대할 때, 공자는 편안하게 해드릴 것을 최우선으로 삼았습니다. 가깝게는 부모나 친인척 어른들, 멀게는 직장 상사나 사회적 노년층을 말합니다. 그들을 편안하게 해드리겠다는 말 속에 담긴 여러 의미를 음미해 보시면 좋겠습니다. 여러분도 언젠가는 노인이 될 테니까요. 또래나 친구들에게는 신뢰를 얻겠다고 했습니다. 신뢰를 얻는 방법은 간단합니다. 내뱉은 말은 반드시 지키는 것이죠. 행동이 말에 미치지 못하는 사람은 신뢰를 얻을 수 없습니다. 그러니 말 한마디라도 생각 없이 내뱉기가 어려워집니다. 나보다 어린 후배들은 품어주고 싶다고 했습니다. 학교나 직장의 후배들일 수도 있고, 자식이나 후속 세대를 의미할 수도 있겠지만, 어쨌든 품어 주겠다는 공자의 의도는 간단합니다. 아직 미숙하고 실수투성이인 후배들에게 완벽함을 요구할 수는 없습니다. 나 역시 그때엔 그렇게 실수하면서 배웠다는 점을 잊지 않았기 때문입니다.

우리는 누군가의 선배이자 친구이자 후배입니다. 태어날 때부터 노인은 없으며, 언제까지나 젊은이일 수도 없습니다. 매일 수많은 사람들이 세상을 떠나고 또 그만큼의 아이들이 태어납니다. 삶이 그렇고 세상이 그렇습니다. 그런데 왜 우리는 지금이 영원하리라 착각하며 살까요? 노인들의 꼰대질을 욕하지만 나 역시 언젠가는 그런 노인이 될 것입니다. 아니 이미 후배들의 눈에는 나 역시 그런 꼰대 중에 하나일지 모릅니다. 이 불편한(?) 진실을 자각할 때, 세상은 좀 더 살 만해지지 않을까 생각합니다. '공감 능력'이라는 거창한 표현까지는 필요하지 않습니다. 생각해 봅시다. 그토록 힘들었던 고등학교 3학년 수험생 시절, 자율학습까지 마치고 천근만근 몸을 이끌고 집으로 가는 버스를 탔습니다. 처음 보는 중년의 아저씨가 내게 말을 건넵니다. "학생, 공부하느라 힘들지? 잠깐이라도 여기 앉아서 가. 나도 그 시절만 생각하면 아찔하네. 그래도 힘 내! 얼마 안 남았으니까. 파이팅!" 생각만 해도 마음이 따뜻해집니다. 그렇게 멋진 어른을 만났더라면 나이든 사람이라고 무턱대고 꼰대라고 미워하지는 않았을 것만 같습니다. 이제 여러분이 그런 멋진 어른이 되어 보는 것은 어떨까요?

5

다시 혁명에 대하여

영화 「설국열차」

———

카를 마르크스 『자본』

박종성

「설국열차」

2013년에 개봉한 대한민국의 영화이다. 프랑스의 만화가 장 마르크 로셰트와 자크 로브의 만화 「설국열차」를 원작으로 대한민국의 봉준호가 감독을 맡았고, 배우와 촬영 스텝의 대부분이 외국인이었다. 제작비 450억 원으로 우리나라 영화 사상 최고치를 기록했다. 전 세계 167개 나라에서 개봉했고, 개봉 15일 만에 국내 관객 700만 명을 돌파했다.

새로운 빙하기가 찾아온 지구, 1년에 지구 한 바퀴를 도는 열차만이 인류의 마지막 보루였다. 여러 칸으로 나뉜 기차는 인류 사회의 축소판으로, 상류층과 중류층, 하층민의 계급이 명확하게 구분되어 있다. 열차가 달린 지 17년째, 꼬리칸의 하층민 커티스를 중심으로 일어난 반란과 열차의 비밀 등이 흥미진진하게 펼쳐진다.

카를 마르크스

독일 라일란트 출신의 철학자, 역사학자, 경제학자, 공산주의 혁명가이다. 현대 사회의 형성에 가장 큰 영향을 미친 인물로 평가받는다. 1835년 본 대학교 법학과에 입학했으나 문학과 철학에 더 심취했다. 이후 베를린의 훔볼트 대학교로 전학해 그곳에서 헤겔 좌파 청년들과 교류하며 이름을 알리게 된다. 1841년 예나대학교에서 철학 박사학위를 받은 뒤 포이어바흐의 유물론 사상에 영향을 받았다.

학위를 마치고 고향에 돌아와 급진 좌파 성향의 신문을 창간했으나 독일 정부의 탄압을 받아 프랑스로 이주한다. 파리에서 사회주의자 혁명 집단과 교류하며 비밀결사에 가담하고, 이 단체를 공산주의자 연맹으로 전환시키면서 『공산당 선언』을 발표한다. 이후 영국에 망명하여 역사적 유물론과 공산주의 이론을 발전시켜 1867년 『자본』을 출간한다.

물신이란?
"그 엔진은 신성해요. 그리고 윌포드는 성자지요."

◇◇◇

안녕하세요? 오늘은 영화 「설국열차」와 함께 혁명에 대해 이야기해 보고자 합니다. 혁명이라는 단어만 들어도 어떤 분들은 가슴 설렐 것이고, 어떤 분들은 또 다른 감정이 들 수 있을 것입니다. 오늘 이 시간에는 '혁명'에 대한 마르크스의 논의를 중심으로 살펴볼 것입니다. 마르크스는 자본주의에 대한 분석과 비판 속에서 새로운 세계를 모색하고 여러 논의를 진행합니다. 그 핵심 단어는 물신, 화폐, 그리고 소외로 요약할 수 있습니다. 그럼 이제부터 마르크스의 논의에 따라 「설국열차」를 이해하고 고민해 보겠습니다.

「설국열차」를 만든 봉준호 감독은 이 영화에 대한 인터뷰에서 다음과 같은 말을 했습니다. "영원하다는 것이 허구였다는 거지. 영원하다고 신성시하고 엔진은 성스럽다고 하지만 사실은 계속 생산되는 애를 거기에 넣어서 그것을 유지하는 어떤 초라하고 참혹한 모습이었거든. 사실 엔진의 영원성은 허구였어." 영원하다는 이유로 엔진을 신성히

> 66
> 열차는 영원하며 따라서 신성하다. 이처럼 무언가를 신성하다고
> 믿고 숭배하는 것이 물신이다.
> 99

하는 것은 '물신物神'을 의미합니다. 영화를 보면, 열차에서 총리(메이슨, 틸다 스윈튼 분)는 다음과 같은 말을 합니다. "그 엔진은 신성해요. 그리고 윌포드는 성자지요."

　학교 칸에서는 기차를 벗어났다가 얼어 죽은 사람들을 가리키며, 하나의 체제를 전복하거나 새로운 시스템을 만들려고 한다면 저렇게 죽게 된다고 가르칩니다. 그러면서 열차가 영원하다는 것, 신성하다는 것을 강조합니다. 이처럼 신성한 것을 숭배하는 것이 바로 물신입니다.

| B급 철학 |

그렇다면 물신에 대한 이론적 성찰을 해보겠습니다. '물신'이란 단어는 아프리카 원주민이 숭배했던 것을 의미합니다. 영어 단어로는 fetish라고 합니다. 이 단어는 프랑스어 fétiche에서 유래했고, 이 프랑스어 단어는 1700년대에 포르투칼어 feitiço(마법, 요술)에서 나왔습니다. 그리고 feitiço는 라틴어 facticius(영어로는 'artificial'), 혹은 facere(영어로는 'to make')에서 유래한 것입니다. 그러니까 결국 물신이라는 단어는 '가짜의', '모조된', '위조된', '인위적으로 꾸며진'이라는 fetico에서 나왔고, 이 단어는 독일어로는 Fetisso, 영어로는 fetish가 되었던 것입니다.

요약하면 물신이란 인위적으로 만들어지고 모조된 것 혹은 꾸며진 것으로, 특정한 마법적 힘을 지니며, 이로써 숭배되는 대상입니다. 영화 속에서 기차는 영원한 것으로 신성시되면서 숭배의 대상이 됩니다. 그러나 실제로 기차는 영원한 것이 아니었습니다. 그것은 아이들의 노동으로 운동하고 있었습니다. 이렇듯 사실 기차는 아이들의 노동으로 움직이는 것이었는데, 열차 칸의 지배계급은 기차의 영원함을 숭배하고 그렇게 교육할 뿐입니다. 다시 현실로 되돌아오면, 이러한 물신성은 자본주의 사회에서 상품으로부터 시작하여 화폐로 드러납니다.

화폐의 전능함

◇ ◇ ◇

자본주의 사회의 물신성에 대해 논의하기 전에, 먼저 '인간은 해방된 주체인가?'라는 질문을 던져 보겠습니다. 인간은 '본능Instinkt'의 지배를 받는 '자연nature'이 아니라 '문화culture'를 만들어 냅니다. 'instinct'는 '찔려 움직이게 된다'는 의미의 'instinquere'에서 나온 말입니다. 따라서 본능과 대척점에 있는 문화는 수동적인 측면이 아니라 능동적인 측면이 강조된 것입니다. 이러한 의미에서 베이컨은 "아는 것은 힘이다" 혹은 "자연은 복종함으로써가 아니면 정복되지 않는다"고 말했던 것입니다. 'culture'는 'cultivate', 'colo'(경작하다)에서 유래했습니다. 이 말은 '잘라내다'는 것에서부터 시작하여 '궁리하는' 것, '이겨내는' 것, '적합하게 만드는' 것 등의 의미를 담고 있습니다. 결국 문화란 인류가 여러 가지 궁리를 짜냄으로써 자연을 이겨 내어 인간에게 적합하게 만드는 것이라고 할 수 있습니다. 나아가 인간의 역사가 문화의 역사라는 것은 곧 생산의 역사를 의미합니다.

그런데 이 생산의 역사 속에서 자본주의를 생각해 보지요. 왜냐하면 자본주의는 지금, 여기, 우리가 살고 있는 현실이기 때문입니다. 자본주의의 세포는 무엇인가요? 마르크스는 그것을 '상품'이라고 이야기합니다. 상품은 사용가치와 교환가치 또는 구체노동과 추상노동으로 이루어져 있습니다. 상품은 사용가치와 교환가치의 통일이라고 할 수 있습니다. 두 얼굴을 가지는 이러한 상품의 이중성은 교환관계 안에서 발생합니다. 또한 상품의 이러한 이중성은 추상노동과 구체노동이라는 이중성으로 나타납니다. 여기서 말하는 추상^{Abtraktion}이라는 말은 '뽑아 낸다'는 의미이며, 구체와 대조되는 말로서 여러 가지 구체적인 것들에서 개별적인 것을 제외하고 모두가 공유하는 하나의 성질만을 뽑아 낸다는 뜻입니다. 그러니까 추상노동은 인간 노동을 의미합니다.

자본주의 사회에서는 구체노동과 추상노동이라는 노동의 이중성에 의해 갈등과 모순이 일어납니다. 마르크스는 자신의 저작에서 노동의 이중성이야말로 가장 중요한 부분이라고 하였습니다. 사용가치의 관점에서 본다면, 구체노동은 옷을 만들 때 자신의 노동에 부합하는 대상을 만들고자 합니다. 즉 편안하고 내구성이 좋은 옷을 만드는 거죠. 그러나 교환가치가 압도적으로 지배하는 사회에서는 전자의 노동은 고려되지 않습니다. 오로지 이익을 남기기 위해 많이 팔릴 수 있는 오래가지 않는 옷을 만들어야 합니다. 이것이 추상적 노동으로 표현되고 있는 것입니다.

상품 사회는 사용가치와 교환가치로 구성되어 있는데, 교환가치를 최고의 생산 목적으로 하는 사회에서는 생산 능력을 인간의 가치를 평가하는 제일 덕목으로 간주합니다. 교환가치는 화폐의 형태로 드러나지요. 그것을 숭배하고 최고의 삶의 목적으로 간주하고 추구하는 사회가 지금, 현실의 모습입니다. 이러한 사회에서는 인간이라는 주

체의 자리에 새롭게 군림한 '대표자'인 화폐를 최고의 가치로 추구할
겁니다. 사용가치가 은폐되고 그 자리를 대신하는 등가 형태의 자리
에 교환 일반을 고정시켜 매개할 수 있는 등가물인 화폐가 자리하고
있는 것이죠. 개인들의 개별적인 노동을 추상적인 노동으로 환원하
는 특별한 상품 중의 상품이 화폐입니다. 가치 표현의 '대표자'가 되
는 화폐는 우리 자신의 가치를 표현하는 유일한 수단으로 여겨지게
됩니다.

마르크스는 이러한 화폐의 전능함에 대해 젊은 시절에 저술한『경제학 철학 초고』에서 다음과 같이 표현했습니다. 이 글은 셰익스피어의『아테네의 타이몬』이라는 글을 인용한 것입니다. "검은 것을 희게, 추한 것을 아름답게 만든다네. 나쁜 것을 젊게, 비천한 것을 고귀하게 만든다네. 이것은 …… 저주받은 자에게 축복을 내리네, 그것은 문둥병을 사랑스러워 보이게 하고, 도둑을 영광스런 자리에 앉힌다네."

저는 위 글이 현실을 잘 보여 주고 있다고 생각합니다. 그러면 위 구절은 무엇을 의미할까요? 화폐가 인간의 육체와 정신까지 송두리째 지배하고 있다는 사실을 의미하고 있는 것입니다. 돈에 의해 비도덕은 도덕으로, 유죄는 무죄로, 자연스러운 늙음은 젊음으로 둔갑하고, 인간의 내면이나 삶의 지향성의 교류를 통한 결혼은 오직 화폐라는 교류를 통해 규정되며, 인간의 일반적 노동력을 넘어서는 노동의 강도가 자연스러운 것으로 강요되는 겁니다. 화폐의 전능함은 화폐의 물신성으로 귀결되겠지요. 화폐를 통해서 모든 가치가 교환되는 사회이기 때문에, 화폐를 소유하고자 하고 화폐를 숭배하게 되는 것입니다. 상품 물신성은 화폐 물신성으로 그리고 다시 자본 물신성으로 나아갑니다. 사회적 관계의 생산력은 자본 생산력의 신비화로 둔갑합니다.

영화에서 기차를 움직이는 것이 아이들의 노동이었다는 점을 상기해 보시길 바랍니다. 기차가 영원히 스스로 움직이는 것처럼 가르치고 그러한 기차를 숭배하지만, 사실 기차는 아이들의 노동으로 움직였습니다. 아이들의 노동은 사회적 관계에서 생산력으로 볼 수 있습니다. 자본 물신성은 잉여가치가 자본 자신의 힘에서 발생한 것으로 신비화됩니다. 마치 영화 속에서 기차가 스스로 영원히 움직이는 것처럼 신비화되듯이 말입니다.

잠시 자본의 순환을 생각해 보지요. 자본의 순환은 다음과 같이 표현됩니다. G-W-G′에서 G는 화폐이고 W는 상품을 의미하며 G′는 처음의 화폐가 증가한 것을 의미합니다. 자본의 순환이라는 말에서 자본주의라는 말이 나온 것입니다. 여기서 G′는 이익을 의미하지요. 그렇다면 이익은 어디에서 나온 것일까요? 그것은 특별한 상품에서 나옵니다. 그 특별한 상품이 노동력입니다. 그러나 현실에서 이것은 은폐되고 G-G′로 현상됩니다. 비유해 보지요. 그러면 자본의 순환은 사회적 노동력을 은폐하고 마치 자본 그 자체가 움직이며 잉여가치를 만들어 내는 것으로 보입니다. 다시 영화를 보지요. 열차 안의 지배자들은 열차를 고안한 사람이 열차를 움직이는 것으로 신비화합니다. 아이들을 그렇게 교육시키죠. 이것은 실질적으로 열차를 움직이는 것이 열차 안 사람들의 사회적 노동임에도 열차의 주인이라고 왜곡하는 것입니다.

"그들은 그것을 알지 못한다. 그러나 그들은 그것을 행한다"

◇◇◇

마르크스의 『자본』에는 이데올로기에 대한 가장 기본적인 설명을 제공해 주는 구절이 있습니다. 바로 "그들은 그것을 알지 못한다. 그러나 그들은 그것을 행한다"("Sie wissen das nicht, aber sie tun es." MEW 23, S 88)는 구절입니다. 이것은 일종의 허위의식을 의미합니다. 이 구절은 영화 속 아이들의 모습과 비유적으로 논의할 수 있을 것입니다. 아이들에게 기차의 신성함과 영원성은 객관적 사유 형식입니다. 마르크스는 이것을 다음과 같이 말합니다. "바로 이러한 형식이 부르주아 경제학의 범주를 형성한다. 그것은 이러한 역사적으로 특수한 사회적 생산양식, 즉 객관적 사유 형식들이다."(MEW 23, S 89) 그러나 슬라보예 지젝은 이러한 문제의식을 더욱 발전시켜 다음과 같은 구절로 표현합니다. 이 구절은 냉소주의라는 의미를 함의합니다. "그들은 자기가 하는 바를 잘 알고 있지만, 그럼에도 그렇게 행한다."(지젝, 이수련 옮김, 『이데올로기라는 숭고한 대상』, 인간사랑, 2003, 68쪽) 영화 속에서 선생님과 총리는 아이들에게 기차의 신성함과 영원성이라는 객관적 사유 형식을 주입합니다.

「설국열차」에서의 구조화된 현실은 계속하여 순환하는 열차라는 구조화된 공간으로 나타난다고 볼 수 있습니다. 우리 사회에서 물신주의는 어떻게 나타날까요? 물신주의는 자본주의 체제가 더 이상 변화하고 발전하는 사회적, 역사적 세계가 아니라, '자연법칙'과도 같은 불변적 '경제법칙'이 관철되는 '자연화된naturalized' 세계로 간주되기 때문에 발생하는 것입니다. 우리는 이 자연화된 세계에 대해 검토해야 합니다. 왜냐하면 "검토되지 않는 삶은 살 가치가 없다"는 소크라테스의 말은 여전히 우리의 삶에서 더 인간다운 삶을 위해 음미해야 할 가치이기 때문입니다.

마르크스는 『자본』에서 국민 경제학자들이 바라보는 고정된 세계관에 대한 끊임없는 부정을 강조합니다. 부르주아 경제학자들이 바라보는 자본주의의 신화는 자본주의 영속성에 대한 주장이며, 이는 형이상학적 관점에서 자본주의를 불변하는 실체로 간주하고 있는 것입니다. 바로 이러한 형이상학적 관점에 대한 비판이 우리에게 필요합니다. 철학의 특성은 일상적으로 참 또는 옳음이라고 여기는 것에 대해 회의하고 이를 비판하는 것으로, 이것은 곧 이데올로기에 대한 비판 작업으로 이어집니다. 이러한 맥락에서 우리는 철학을 통해 화폐라는 동일성 원리를 충실하게 수행하고 있는 자본의 정치를 비판할 수 있는 것입니다.

그렇다면 자연화된 세계는 영화 속에서 어떻게 표현되고 있을까요? 그것은 구조화된 열차를 의미합니다. 총리가 하는 다음과 같은 말이 이것을 잘 드러내고 있습니다.

> **"**
> 부르주아 경제학자들이 바라보는 자본주의의 신화는 자본주의
> 영속성을 통해 드러난다. 이는 자본주의를 불변하는 실체로
> 간주하는 형이상학적 관점이다. 이에 대한 비판은 이데올로기에
> 대한 비판 작업으로 이어진다.
> **"**

"누구도 신발을 머리 위로 쓰진 않는다. 신발은 그러라고 만든 게 아니니까! 애초부터 자리는 정해져 있어. 나는 애초부터 앞좌석. 당신네들은 꼬리 칸! 당신들의 위치를 잘 알라고! 당신들 자리나 지켜!"

구조화된 열차를 이탈하고자 하는 남궁민수의 행위는 어떤 의미를 갖는 것일까요? 그의 행동은 열차를 장악하는 것이 아니라 다른 궤도를 선택하고자 하는 것입니다. 이러한 측면에서 남궁민수와 그 궤도 안에서 권력을 교체하고자 하는 커티스의 행동은 다른 지향성을 가집니다. 남궁민수의 대사를 들어 보지요.

"왜 이 문을 열지 못해 난리들이야. (자신의 옆쪽 벽을 바라보며) 다들 저 문을 무슨 벽으로 착각하고 사는데, 저것도 알고 보면 문이야. 난 바로 저 문을 열고 싶다고. 나는 닫힌 문을 열고 싶다. 만약 기차 밖에 나가서 살 수 있다면……."

남궁민수는 열차라는 세계가 아니라 다른 세계를 꿈꾸며 그러한 세계로 나아가고자 합니다. 열차를 자본주의라고 생각해 보세요. 그것은 마르크스가 비판하듯이 '자연화된' 세계가 아닙니다. 남궁민수는 다른 체제를 희망하고 그러한 실천을 하고자 한 것입니다. 구조화된 열차에서의 이탈은 마르크스의 눈으로 보면 실천의 철학을 의미한다고 볼 수 있습니다. '실천적 유물론'의 핵심은, '담론'은 '실천'을 대신

할 수 없다는 점입니다. 즉 "비판의 무기가 무기의 비판을 대신할 수
없다"(MEW, 1, 385쪽)는 것이죠. '비판이라는 무기'는 아무리 '변화'와
'실천'을 강조하더라도 구체적 현실의 변화를 가능케 하는 '물리적 실
천'을 결코 대신할 수 없다는 것입니다. '비판'의 '실천'으로의 전화는
'이론과 실천의 통일'을 의미합니다.

　나아가 마르크스가 주장하는 해방의 조건은 의식이 물질로 전환될
때 가능한 것입니다. 그는 『경제학 철학 초고』에서 다음과 같이 말합
니다. "물리적 힘은 물리적 힘에 의해 전복된다. 그러나 이론은 대중

을 사로잡는 순간 물리적 힘이 된다. 또한 이론은 그것이 인간을 통해 표현되고 증명되며, 근본적인 것이 될 때 대중을 장악할 수 있다. 근본적이 된다는 것은 사태의 뿌리를 장악하는 것이다. 그러나 인간에 있어 그 뿌리는 인간 자신이다."(MEW, 1, 385쪽) 자본주의를 신성한 것으로 간주하는 이들의 가치는 자유, 경쟁입니다. 이것은 신성한 것이 됩니다. 왜냐하면 지배계급의 의식이 반영된 것이고, 그 계급의 의식이 지배적이라는 것을 드러내고 있기 때문입니다. 이데올로기는 이데올로기의 현실적 조건인 '물리적 실천'을 통해 변혁해야 합니다. 『포이어바흐 테제』 11번 명제는 바로 이러한 '실천적 유물론'의 핵심을 한마디로 압축해서 보여 줍니다. "철학자들은 세계를 다양하게 해석해 왔을 뿐이다. 중요한 것은 세계를 변혁하는 것이다."

혁명을 위하여: "나는 닫힌 문을 열고 싶다."

◇ ◇ ◇

실천의 철학은 다음과 같은 마르크스의 말에서도 잘 드러납니다.

"우리에게 공산주의는 조성되어야 할 하나의 상태Zustand, 혹은 현실이 따라야 할 하나의 이상Ideal이 아니다. 우리는 오늘날의 상태를 지양하는 현실적인 운동을 공산주의라고 일컫는다. 이 운동의 조건들은 현존하는 전제들로부터 생겨난다."(『독일 이데올로기』)

    오늘날의 상태는 자본주의 사회입니다. 마르크스는 『자본』에서 다음과 같이 말합니다. "이 책에서 내가 연구해야 하는 것은 자본주의적 생산방식 및 그것에 상응하는 생산관계와 교류관계이다." 그는 또한 『자본』 제1권 23장에서 자본주의 축적의 일반적 법칙을 다루면서 자본의 유기적 구성의 증대와 노동자의 궁핍화를 이야기합니다. 같은 책에서 그가 말하는 노동이란 자연을 변형하는 활동인데, 이러한 "노동 과정의 기본 요소들은 인간의 합목적적 활동 즉 노동 그 자체와 노동 대상, 노동 수단"입니다. 노동이 이루어지려면 인간의 노동력과 노동 대상, 노동 수단이 필요합니다. '노동력Arbeitkraft'이란 "어떤 종류의 사용가치를 생산할 때마다 운동시키는 육체적·정신적 능력의 총체"를 의미합니다. '노동 대상Arbeitsgegenstand'이란 토지나 원목, 광석처럼 노동이 가해지는 대상을 가리킵니다. '노동 수단Arbeitmittel'이란 "노동자가 자기와 노동 대상 사이에 끼워 넣어, 이 대상에 대한 그의 작용의 전도체로서 이용하는 물건 또는 여러 가지 물건들의 복합체"입니다. 노동 수단에는 기계나 도구와 같은 '생산 도구Produktionsinstrument'만이 아니라 건물이나 에너지, 운송 수단, 통신 수단 등이 포함됩니다. 그리고 이러한 노동 대상과 노동 수단을 총괄해서 '생산 수단Produktionsmittel'이라고 부릅니다. 그리고 "사회적인 생산의 형태가 어떤 것이든 노동자와 생산 수단은 항상 생산력의 요소"입니다.

그런데 마르크스가 보기에, 자본주의라는 사회적 상황에서는 인간의 노동이 소외라는 부정적 형태로 나타납니다. 소외는 자신이 만든 생산물이 인간으로부터 분리되어 자립하면서 인간에게 낯선 존재, 대립적인 존재가 되고, 나아가 인간을 억압하여 종속시키는 힘으로 작용함으로써 인간이 주체성과 자율성을 상실하게 되는 현상을 말합니다. 마르크스는 이러한 사회에서 벗어나고자 하였습니다. 그것이 혁명이죠. '오늘날의 상태를 지양하는 현실적인 운동은 혁명을 의미할 것입니다.'

'혁명Revolution'이란 용어는 원래 과학에서 '순환 운동' 또는 이와 관련된 '회전 주기'를 가리키는 의미로 사용되다가, 15세기 후반에 이탈리아에서 정치적인 의미로 처음 사용되기 시작하였습니다. 이탈리아어로 '리볼루치오니revoluzioni'는 정치적 상황이 갑작스럽게 변화한다는 뜻인데, 이것은 정치적으로 급격한 변화가 행성의 순환 운동과 연관되어 있다고 보았기 때문입니다. 정치적 의미에서 혁명은 처음에는 '새로운 지배자나 정치의 주체들이 낡은 것을 강제로 교체하는 것'이라는 의미로 사용되었습니다. 그러다가 점차 '정치적 격동 이후에 나타난 정부의 재정비, 근본적인 사회 변동, 정치 참여의 확대, 좀 더 인간적인 사회로 진행되는 과정'을 가리키는 의미로 사용되었습니다. 이러한 '혁명' 개념은 혁명의 전형적인 모습을 보여 주는 1789년의 프랑스 혁명을 거치면서 본격적인 사회과학 개념으로 자리를 잡게 되었습니다.

> 인간이 만든 생산물이 인간으로부터 분리되어 독립적으로 존재할
> 뿐 아니라, 나아가 인간을 억압하는 힘으로 작용한다. 이로써
> 인간은 주체성과 자율성을 상실하게 된다. 마르크스는 이러한
> '소외'에서 벗어나고자 했다. 그것이 혁명이었다.

　마르크스는 비인간적인 감정을 발생시키는 잘못된 현실을 개혁하는 것이 중요하다고 봅니다. 따라서 『독일 이데올로기』에서 "진정한 공산주의자에게는 기존 사물의 질서를 무너뜨리는 것이 급선무이다"라고 하였던 것입니다. 그는 운명론적이고 수동적인 성격을 비판합니다. 그러면서 같은 책에서 다음과 같이 혁명을 말합니다. "현실적으로 실천적 유물론자들Die praktischen Materialisten, 즉 공산주의자들Kommunisten에게는 현존의 세계에 혁명Revolutionieren을 일으키는 것이, 즉 기존의 사물을 실천적으로 파악하여 변혁하는 것이 중요한 문제이다." 그는 실천철학의 의미를 같은 책에서 다음과 같이 말합니다. "그 결론이란 의식의 모든 형태 및 산물은 정신적 비판, 그리고 '자기의식'으로의 해소나 '요괴', '유령', '망상' 등으로의 전화에 의해서가 아니라, 오직 이러한 관념론적 허구들이 도출되는 현실적 사회 관계의 실천적 전복에 의해서만 해소될 수 있다는 것이다. 역사와 종교와 철학 그리고 그 밖의 모든 종류의 이론의 추진력은 비판이 아니라 혁명Revolution인 것이다." 결국 마르크스에게 자본주의 사회에서 발생하는 소외를 지양하기 위한 실천적 활동은 혁명입니다.

소외에 대해 더 논의하기 전에 대상화라는 단어를 살펴보겠습니다. 대상화Vergegenstädlichung는 인간이 노동과 같은 실천적 활동을 통해 자신의 힘을 외부로 표출하는 행위로서, 인류의 사회적 삶에서 폐기될 수 없는 보편적인 삶의 활동을 의미합니다. 이것은 인간의 보편적인 실천적 활동 전반에 적용됩니다. 그런데 '소외Entfremdung'는 이러한 실천적 활동이 인간의 본질적 모습을 왜곡시키고 종속시킬 때 발생합니다. 즉 자본주의와 같은 특수한 사회적 상황에서는 대상화 활동이 소외라는 부정적 형태로 나타나는 것입니다. 소외란 인간이 만든 생산물이 인간으로부터 분리된 채 자립하면서 인간에게 낯선 존재, 대립적인 존재가 되고, 나아가 그것이 인간을 억압하여 종속시키는 힘으로 작용함으로써 인간이 주체성과 자율성을 상실하게 되는 현상을 가리킵니다. 마르크스는 자본주의 사회에 대한 구체적인 분석을 통해 이러한 소외가 발생한 원인을 밝히면서, 소외를 지양하기 위해서는 자본주의 사회를 지양해야 한다고 주장하고 있는 것입니다.

블로흐는 "아직 이루어지지 않은 가능성을 기대하고 희망하며 지향하는 것"(E. Bloch, 『Das Prinzip Hoffnung I』)이 인간 의식의 기본 형태라고 말했습니다. 그는 인간의 삶에서 '더 나은 삶에 대한 꿈'으로서 유토피아가 차지하고 있는 역할이 매우 크다는 점을 강조하였습니다.

마지막으로 다음과 같은 문제의식을 공유하고자 합니다. 영화 속에서 확인하였듯이, 신성한 것으로 받아들여졌던 기차의 영원성, 그 신성함의 이면에는 아이의 노동이 존재하였습니다. 마르크스의 말로 변형하면, 이 노동의 과정을 확인하는 것은 자본주의 체제 혹은 기차로 상징되는 본질적인 영원성이라는 가상의 폭로일 것입니다. 실제 과정의 가치(영원성, 혹은 신성함)는 노동에 의해 창조되었던 것입니다. 이데올로기, 물신성은 실제적 관계를 은폐합니다. 이 은폐는 단순한 환상과는 다릅니다. 이 환상은 물질적 성격을 가집니다. 즉 계급으로 구분된 기차라는 구조 속에서 훈육과 물질적 폭력에 의해서 만들어지는 환상인 것입니다. 마르크스는 『자본』에서 "자본가로서 그는 단지 인격화된 자본이다. 그의 영혼은 자본의 영혼이다"라고 말했습니다. 이것은 자본과 시장의 논리에 따라 행동하는 것 그리고 물질적 조건이 사고방식이나 행동 방식을 규정하는 것을 의미합니다. '사회적 관계의 총체'로서 인간은 사회관계, 특히 생산관계와 같은 물질적 조건에 의해서 규정됩니다. 따라서 계급 사회에서는 계급으로서 인간을 의미하는 것입니다.

기차 밖으로 나가면 죽는다고 교육하는 모습은 이 환상의 상징성을 잘 드러냅니다. 우리가 이 시간을 함께하는 것은 바로 기차 혹은 자본주의라는 외양(현상 형태)과 실제적 관계(본질적 수준)를 구분하는 것입니다. 상품의 물신성이 지배하는 사회에서는 사용가치가 아니라 교환가치가 생산 활동의 주된 목표가 됩니다. 이러한 상황에서 자본은 생산을 조직하는 강력한 힘으로 작용합니다. 이 힘은 사회적 생산력을 자본의 생산력으로 이해하게 합니다. 마르크스는 이 물신성을 극복하고자 했으며, 그 극복은 자본주의의 극복에서 시작한다고 본 것입니다. 왜냐하면 물신성은 자본주의 생산의 물질적 토대 위에서 생명을 유지하고 확장하기 때문입니다. 자본의 물질성에 기반을 둔 물신성은 특정 계급의 이해관계를 대변할 수밖에 없습니다. 즉 객관적 형식으로서의 이데올로기가 물신성입니다. 이러한 물신성을 염두에 두고 아래의 대사를 함께 음미해 보시죠.

"왜 이 문을 열지 못해 난리들이야. (자신의 옆쪽 벽을 바라보며) 다들 저 문을 무슨 벽으로 착각하고 사는데 저것도 알고 보면 문이야. 난 바로 저 문을 열고 싶다고. 나는 닫힌 문을 열고 싶다. 만약 기차 밖에 나가서 살 수 있다면…… 나는 닫힌 문을 열고 싶다."

남궁민수는 많은 사람이 그저 벽으로 생각하고 있는 문을 열고자 하였습니다. 이것은 새로운 세계를 모색하고 실천하는 것입니다. 지금의 사회는 영원하지 않습니다. 영원하다고 믿는 것은 일종의 물신성을 의미합니다. 영원한 것은 존재하지 않기에 자본주의도 영원하지 않을 것입니다. 저는 이번 강의를 통해 영화를 보면서 음미한 삶의 반성과 그 반성의 현실화를 모색해 보고자 하였습니다. 현실을 넘어서는 것은 현실의 삶을 살펴보는 것에서 시작할 것입니다.

마지막으로 마르크스의 말을 인용하며 마치고자 합니다. 그에게 비판은 "인간이 천대받고 예속되고 버림받으며 경멸받는 존재로 있는 모든 관계를 전복시키라는 정언명법"을 의미합니다. 자신의 삶을 되돌아보면서, 함께하는 이들의 삶을 들여다보아야 할 것입니다. 만약 아직도 위에서 말하는 마르크스의 주장이 현실이라면 '모든 관계'를 전복시켜야 할 것입니다. 새로운 세상은 우리가 꿈꾸는 것으로부터 시작할 것입니다. 우리는 화폐가 지닌 절대적 군림의 이미지에서 벗어나야 할 것입니다. 우리는 화폐 이미지와 연합되는 고통스러운 노동의 이미지를 떠올려야만 합니다. 그리하여 화폐에 의해 탈취된 직접적인 향유의 이미지를 복원시켜야 합니다. 그 길 위에 많은 이들이 함께하길 바랄 뿐입니다.

일상에 지친 현대인

애니메이션 「겨울왕국」

———

한병철 『피로사회』

강지은

「겨울왕국」

「겨울왕국Frozen」(2014)은 우리나라에서 개봉된 애니메이션 중에서 유일하게 천만 관객을 유치한 애니메이션 영화이다. 일반 영화조차도 천만 관객을 얻는다는 것은 결코 쉽지 않다. 물론 엄청난 물량 공세, 다시 말해 배급사의 자본으로 전국 멀티플렉스 극장의 스크린을 많이 잡았을 경우 좀 더 천만 관객에 가까이 갈 수는 있지만 그것도 충분조건은 되지 않는다. 어떤 점이 그저 공주 애니메이션에서 끝나지 않는 저력을 발휘하게끔 했을까? 화려한 볼거리, 기존의 공주 애니메이션과는 다른 신선함, 거기에 보는 이로 하여금 감정이입을 할 수 있게끔 하는 엘사 공주의 「렛잇고」까지. 「렛잇고」는 디즈니 애니메이션 테마송 계보를 잇는 전설로 등극을 하며 지구인의 머릿속에 각인되었다. 문화 컨텐츠란 이런 것일까. 「렛잇고」와 함께 「겨울왕국」의 메시지 역시 끝없는 변주를 거듭하며 영원한 생명력을 얻을 것이다.

한병철

한국에서 철학과 전혀 관계없는 금속공학을 전공한 한병철은 독일 프라이부르크와 뮌헨에서 철학과 독일 문학, 천주교 신학을 공부했다. 1994년 하이데거에 관한 논문으로 박사학위를 받고 2000년에는 스위스 바젤대학교에서 데리다에 관한 논문으로 교수 자격을 취득했다. 2015년 한국연구재단과 중앙일보가 공동으로 조사한 연구 결과에 따르면 『피로사회』가 최근에 출간된 4만여 권의 책들 중에서 학자들이 가장 많이 인용한 번역서 1위에 올랐다. 한병철은 2012년 이래 베를린 예술대학교에서 철학 및 문화학 교수로 재직 중이다. 당연히 『피로사회』는 독일어로 출간된 논문이다. 우리나라에는 번역되어 소개되었다. 『피로사회』는 독일을 중심으로 유럽에서 먼저 많은 관심을 받은 한병철의 글이고 이후 우리나라에서도 학자들뿐 아니라 일반인들에게도 많이 읽힌 책이다. 『피로사회』 이후 『권력이란 무엇인가』(2011), 『투명사회』(2014) 등도 많은 관심을 받고 있다.

대한민국의 「겨울왕국」 이상 열풍

◇◇◇

여러분은 영화관에 얼마나 자주 가시나요? 예전엔 20대가 극장에 많이 갔다면 요즘엔 나이와 상관없이 많이들 가시는 것 같습니다. 30대, 40대 주부도 삼삼오오 모임 삼아 극장에 가고, 초등학교 아이들도 유행하는 영화들은 꼭꼭 챙겨 보더라고요. 80대 노인도 요즘은 혼자 극장 나들이를 자주 합니다.

언뜻 보면 지금이 한국 영화 최고의 중흥기처럼 보이기도 합니다. 그러나 알고 보면 예전에 텔레비전이 없던 1950년대~1960년대에 정말 어마어마한 영화 중흥기가 있었다지요. 1919년 무대 공연과 스크린 상영을 혼합한 「의리적 구투義理的仇討」(1919) 이후 해방되던 해에는 고작 다섯 편만 제작되었던 걸로 보면, 그때까지는 여러 사회적 여건상 영화가 많이 제작되지는 못했나 봅니다. 그런데 1950년대 후반부터 차차 늘어나기 시작한 한국 영화의 제작 편수는 마침내 1968년에 와서 212편에 이르는 등 큰 성과를 보입니다. 그만큼 영화 산업이 잘되고 사람들도 극장을 많이 찾았습니다. 그에 비해 2001년엔 65편이 제작되고 2006년이 되어서야 겨우 100편을 넘겼습니다. 2003년 천만 관객의 테이프를 끊은 「실미도」가 제작되었음을 본다면 아직 더디기는 하지만 한국 영화의 중흥기는 이제부터 시작인가 싶습니다. 2014년 여름, 이순신 장군의 통쾌한 '한일전' 「명량」이 드디어 1600만 명을 넘었죠. 앞으로 더 멋진 한국 영화들이 나오기를 기대합니다.

2013년 한국인은 1인당 평균 4.12편의 영화를 관람해서 미국(3.88편), 호주(3.75편) 프랑스(3.44편) 등을 제쳤다고 합니다. 큰 시장들에 비해 한국의 시장은 좁은 편이지만 영화를 소비하는 힘은 막강한 편입니다. 게다가 시장이 좁으니 그만큼 호불호의 반응도 빠른 편이죠. 그런 역동적 영화 시장은 최근 천만 관객 영화들을 심심치 않게 선보이는데, 2014년 천만 관객의 테이프는 「겨울왕국」이 끊었습니다. 이 외에도 「겨울왕국」은 대한민국 상반기 출판 시장에서 원소스멀티유즈의 장점을 마음껏 발휘하기도 했어요. 「겨울왕국」 영어 원서가 베스트셀러의 목록에 올랐을 뿐 아니라 유아들을 위한 스티커북, 색칠북, 제작 노트를 담은 무비스토리북 등이 불타나게 팔렸죠. 미국의 이야기가 아닙니다. 세계적으로 대한민국에서만 그랬고 지금도 진행되고 있습니다. 그뿐 아닙니다. 먹을거리, 입을거리, 생활용품까지 겨울왕국 캐릭터가 새겨진 물품은 여전히 생산과 소비를 거듭하고 있습니다. 가을바람 솔솔 부는 엊그제 지하철을 탔는데 세 살배기 꼬마가 엄마의 스마트폰에 나오는 「렛잇고」에 맞춰 뭔지도 모를 영어 가사를 중얼거리는데 귀여워서 한참 쳐다보았습니다.

| B급 철학 |

영화가 흥행하는 데는 어느 정도의 법칙이 있습니다. 제작비를 많이 투입해 볼거리를 화려하게 만들었다거나 개봉관의 스크린 수를 독점적으로 많이 가졌다거나 마케팅을 엄청나게 했다거나 개봉 시기를 설, 추석, 방학에 잡았다거나 하는 것들이 영화의 흥행 요소로 꼽히는 것들이죠. 그러나 이런 것들을 모두 갖추고도 망하는 영화들이 수두룩한 걸 우리는 알고 있습니다. 「겨울왕국」의 무엇이 대한민국을 흔들

었을까요? 언뜻 보면 방학 때 개봉하는 애니메이션일 뿐이었습니다. 그런 애니메이션은 「겨울왕국」 이전에도 있었고 이후에도 있었지만 「겨울왕국」은 독보적 인기를 누렸고 여전히 누리고 있습니다.

원래 방학에 개봉하는 애니메이션의 주 공략 대상은 어린이들입니다. 어른이 되면 심드렁할 만한 애니메이션, 가령 붕붕카 이야기나 요정 이야기, 장난감 이야기 등이라 할지라도 일정 수의 관객은 언제나 유지하지요. 왜일까요? 너무 어려서 아이들만 영화관에 들여보낼 수도 없으니 부모가 함께 손잡고 가기 때문입니다. 그러니 스크린에 집중하는 건 관객의 절반도 채 되지 않는다는 이야기가 되지요. 부모들은 애니메이션이 상영되는 동안 이런저런 생각을 정리하기 마련이고요. '영화 끝나면 뭘 먹지?' '어디에 가지?' 부모들에게 아이들과 영화관에 가는 것은 취미생활도 아니고 정신세계의 확장도 아니고 그저 아이들 돌보러 가야 하는 힘겨운 일일 뿐입니다.

그러나 방학에 개봉하는 애니메이션이 손익분기점을 넘어 수익을 얻을 만큼의 관객 동원이 가능하다고는 하지만 천만 관객을 넘는 일은 우리나라에서 상상하기 힘든 일이었습니다. 아무리 지하철과 버스의 광고판을 사들여 도배질을 해도 관객들의 마음을 움직이지 않고는 천만 관객은 어렵습니다. 「겨울왕국」은 대한민국 역대 애니메이션 흥행 1위에 이름을 올렸습니다.

「겨울왕국」은 아이들 손잡고 간 부모들의 마음마저 흔들었습니다. 아이 없이 성인들끼리 보러 간 흥행 영화가 되었다는 것이지요. 그렇다면 무엇이 대한민국에 사는 아이와 성인들의 마음을 한 번에 뒤흔든 요인이었을까요?

사람들이 영화를 보고 감동하거나 재미를 느끼는 것은 각자의 경험과 공명할 때입니다. 하지만 네 살배기 아이와 마흔 살 주부 모두 영화가 재미있다고 하는데, 그 이유가 쉽게 떠오르지는 않네요. 참 궁금합니다. 왜 꼬마나 어른이나 모두 재미있다고 할까요?

이제 슬슬 인문학을 가동시켜 볼 때인 듯합니다. 인간의 마음을 읽고 이해하고 나아가 치유하는 것이 인문학이니까요. 사람들이 비슷한 반응을 보일 때는 다 그만한 이유가 있는 법입니다. 인문학은 그렇게 나의 마음을 읽어 내고 우리의 마음을 읽어 내며 우리가 앞으로 나아갈 방향을 제시해 주는 이정표입니다. 요즘 사람들 중에 마음이 아픈 사람이 많습니다. 그러나 그걸 알아채고 적극적으로 대처하는 사람이 있는 반면 왜 자기가 힘든지도 모르고 힘겹게 살아가는 사람들도 많습니다. 잘살고 싶으면 먼저 나를 알아야 합니다. 내가 슬프면 왜 슬픈지, 힘들면 왜 힘든지, 기쁘면 왜 기쁜지 알아야 행복할 수도 있습니다.

렛잇고

◇◇◇

「겨울왕국」 하면 떠오르는 노래가 있습니다. 관객들 각자 다양하게

❝

변신과 마법은 현실 생활에서 느끼는 인간의 한계, 갑갑함 등을
풀어 주어 일상에서 벗어나는 멋진 도구가 되어 준다.

❞

영화에서 호감을 느꼈지만 「겨울왕국」의 백미는 뭐니 뭐니 해도 「렛
잇고Let it go」입니다. 일단 영화의 두 공주 중 언니 엘사가 마법으로 얼
음궁전을 만들면서 보여 주는 화려한 영상미와 이디나 멘젤의 매력적
인 목소리가 기억에 남으시지요. 자막을 해독하기엔 너무 어린 미취
학 아이들의 마음을 사로잡은 건 아마도 흥겨운 노래와 더불어 엘사
가 보여 주는 마법일 것입니다. 아이들은 언제나 마법을 좋아합니다.

영화 「7번방의 선물」에서 바보 아빠와 딸이 일본 애니메이션 「세일러문」의 노래를 부르잖아요.

변신과 마법은 현실 생활에서 느끼는 인간의 한계, 갑갑함 등을 풀어 주는 멋진 소재입니다. 동심이란 때 묻지 않은 인간의 마음 아닐까요? 그런 마음속에서 하늘을 날고 싶고 변신하고 싶은 것은 인간의 심리를 그대로 반영하는 걸 겁니다. 디즈니의 입장에선 마법 지팡이를 넣고 싶은 욕구가 있었을지도 모르겠습니다. 지팡이를 들었다면 그것도 불티나게 팔렸겠죠. 하지만 디즈니는 과감하게 마법을 특정 주인공의 타고난 능력으로 설정하는데, 여기에서 마법은 반짝거리고 빛나는 문제해결 능력이 아니라 괴롭고 고통스러운 저주로 등장합니다. 해리포터의 마법 지팡이야 부러뜨리면 그만이지만 몸에 지닌 마법이라는 본래적 존재 방식에선 벗어날 도리가 없습니다.

이제 영화의 메인이라고 할 「렛잇고」를 찬찬히 들여다보면서 왜 이 노래가 사람들을 사로잡았는지 생각해 보겠습니다.

렛잇고(Let it go)

오늘밤, 산자락엔 눈이 희게 빛나고, 발자국 하나 보이질 않네

고립된 왕국에서 나는 마치 여왕과도 같은 것을

바람이 마치 마음속 폭풍이 몰아치듯 울부짖는구나

더 이상 버틸 수 없어, 내가 노력했다는 건 하늘이 알아주겠지

'사람들을 받아들이지 말라. 눈에 띄어서도 안 돼'

'항상 그래왔던 것처럼 착한 소녀가 되렴'

'감춰, 의식하지 마. 누구도 알아채선 안 돼'

그러나 이젠 모두 알아버렸는걸

다 잊어(이젠 그만, 내버려둬), 다 잊어, 더 이상 버틸 수가 없네

다 잊어 다 잊어, 뒤돌아서서 문을 닫아 버릴 거야, 상관없어 사람들이
뭐라고 하든지

폭풍아 계속 휘몰아치렴, 추위는 더 이상 나를 괴롭히지 못하거든

참 재미있는 건 뭐든 거리가 멀어지면, 점점 작게 보이는 법이거든,

한때 날 속박했던 두려움조차도

내가 뭘 할 수 있는지 알게 되는 순간이야, 한계를 시험하고 뛰어넘겠어

옳은 것도, 그른 것도, 어떤 규칙도 내겐 없어, 난 자유로워

다 잊어, 다 잊어, 바람과 하늘과 함께

다 잊어, 다 잊어, 우는 모습은 이제 보이지 않을 거야

여기에 우뚝 서서, 여기 서 있으면서

폭풍아 계속 몰아쳐라, 하늘에서 대지까지 나의 힘이 흩날리네

사방으로 눈송이처럼 나의 혼이 치솟아 오르네

생각은 얼음 바람처럼 결정이 되어 날리네

다시는 돌아가지 않아, 과거는 과거일 뿐

다 잊어, 다 잊어, 여명과 같이 솟아오르겠어

다 잊어, 다 잊어, 그때의 완벽한 소녀는 이제 없어

여기 여명 앞에 서서

폭풍아 계속 몰아쳐라 추위는 어찌 되었든 날 괴롭히지 못하니

나 힘들어요, 그냥 내버려두면 안 되나요?
◇◇◇

어느 정도 알아채셨겠지만 「렛잇고」에는 아이들을 힘들게 하고 성인들을 지치게 하는 억압으로부터 해방될 수 있다는 희망 혹은 대리만족이 있습니다. 대한민국의 아이들은 바쁩니다. 성인이건 아이건 그다지 원하지 않는 공부로 밤늦게까지 학원을 전전하지요. 그래서 힘듭니다. 유치원생부터 고교생까지 대학에 가기 위하여 하루 종일 공부합니다. 대학 가서는 취업하기 위해 하루 종일 공부합니다. 물론 처음엔 부모가 학원에 가라고 해서, 공부하라고 해서 공부를 합니다. 하지만 조금씩 철이 들기 시작하면서 아이들은 스스로 공부하지 않으면 안 된다는 걸 느끼고 스스로를 압박해요. 공부 계획표를 책상머리에 붙이고 앉아 있는 아이들은 그렇게 스스로를 억압하고 있습니다. 대학에 가기 위한, 혹은 취업하기 위한 어쩔 수 없는 현실입니다. 차라리 백설공주의 못된 새엄마가 우리 엄마라면 집을 나가 버리는 것이 더 옳을 것입니다. 하지만 부모님은 나를 사랑하기 때문에 집을 나

갈 수는 없습니다. 아이들은 자기의 몸과 마음을 스스로 학교와 학원, 인터넷 강의에 묶어요. 부모는 그런 아이들에게 더 혹독하게 공부를 시켜 줄 학원과 선생님을 찾아 주면서 부모의 도리를 다합니다.

그런 아이들이 애니메이션을 보는데 '다 잊어(내버려둬)'라고 외치는 노래와 만난 것이죠. 저의 중학교 2학년 딸이 엄마가 작업하는 모습을 보고 와서 한 말이 있습니다. 처음 극장에서 「렛잇고」 노래를 들을 때 전율을 느꼈다고 말이죠. 사실 저도 딸에게 들키지 않고 눈물을 흘리느라 애먹었어요. 좀 창피하기도 하고 당황스럽기도 해서요. 이제 와 생각이지만 차라리 함께 느끼고 눈물을 닦아 줬더라면 더 좋았을걸 하는 생각이 듭니다.

아이들이 그동안 노력해 온 건 하늘이 압니다. 부모와 선생님이 친구랑 놀러 다니지 말고 게임하지 말라고 해서 '가만히 있으라'고 해서 그렇게 가만히 공부만 했어요. 하지만 죽어라 공부해도 성적이 신통치 않아서 속상합니다. 왜 이렇게 아등바등 살아야 하나라는 생각을 할 겨를도 없이 살아가고 있는 것이지요. 사실 영어 점수 몇 점 떨어진 것쯤 언젠가는 별것 아니게 보일 수 있지만 거기에 전전긍긍하는 것이 우리 아이들의 현실입니다.

아이와 손잡고 극장에 간 엄마나 성인 여성들 역시 '렛잇고(다 잊어)'라는 호소에 마음을 사로잡혔어요. 그동안 가족을 위하여 지내 온 지난날들이 주마등처럼 지나가며, 생각대로 순탄하게 흘러가지 않았던 현실에 눈시울이 뜨거워진 거죠. 언제나 아이가 먼저, 남편이 먼저,

시댁이 먼저였지, 내가 먼저인 적은 없었잖아요. 그래서 「렛잇고」는 성인 여성들의 마음도 흔들었나 봅니다. 남자들이라고 별로 다르지 않을 것이라는 생각입니다. 요즘처럼 남자로 산다는 것이 힘겨운 적은 없었으니까요. 세상은 가부장의 질서도 무너졌고, 일자리를 유지하기도 힘겹습니다. 직장 눈치, 아이들 눈치, 부인 눈치 보며 그동안 힘들게 버티며 살았지만 어디서도 자존감을 높이기가 어려운 현실입니다. '다 때려치워 버릴까'라는 고민에 하루에도 수십 번 마음이 흔들리지만 오늘도 참습니다. 아빠이기 때문이겠지요.

이 모든 힘겨움이 나 혼자만의 문제는 아닙니다. 대한민국이 「렛잇고」에 열광하고 있는 것은 그만큼 힘겨운 사람들이 너무나 많다고 봐야겠지요.

「겨울왕국」의 진정한 주인공은?
◇◇◇

「겨울왕국」의 주인공은 과연 누구일까요? 「겨울왕국」도 공주 애니메이션입니다. 전형적인 디즈니 공주 애니메이션의 도식을 따른다면, 일단 공주를 괴롭히는 마녀가 있어야 합니다. 당연히 공주는 마녀 때문에 시련을 겪어야 하고요. 그 시련을 통해 스스로를 단련해 나가지만 결국 마녀 때문에 위기를 맞게 되고, 왕자님이 등장하여 극적으

로 공주를 구출하는 것이 공주 애니메이션의 기본입니다. 여기에 빠
질 수 없는 것이 디즈니 애니메이션만의 특징인 사랑 노래죠. 백설공
주는 이제 초등학교를 갓 졸업한 나이 열네 살. 애니메이션이 시작되
면 백설공주는 새엄마 때문에 고된 청소를 하면서도 '자신에게 언제
쯤 사랑이 찾아올까' 하는 내용의 노래를 부릅니다. 이뿐 아닙니다. 공
주님과 왕자님은 언제나 사랑의 세레나데를 부릅니다. '로미오와 줄

리엣'처럼 말이죠.

이러한 고전적 디즈니 애니메이션을 현대적으로 재해석하는 작품들은 흔히 공주의 왕자 의존적 성격을 약화시키고 당당한 주체로 거듭나는 점을 강조하지요. 예를 들어 「스노우화이트 앤드 더 헌츠맨」에서 백설공주는 이블퀸을 물리칠 전사로 등장합니다.

그렇다면 다시 고전적 디즈니 공주 애니메이션의 입장에서 생각할 때, 「겨울왕국」의 주인공은 아무래도 동생 안나 공주입니다. 왕자와 사랑에 빠지기도 하고 마녀가 아닌 언니에게 시련을 겪어요. 언니가 작정하고 괴롭히는 건 아니지만 안나는 분명 언니 때문에 두 번이나 생명의 위협을 받습니다. 고전을 뒤튼 것이지요. 이런 면에서 사람들은 익숙함 속의 신선함을 느낍니다. 익숙함이 전제되지 않으면 사람들에게는 낯선 것으로 보이고 외면받기 십상이지요. 영화 뒷이야기를 들어보니 처음 엘사 공주 캐릭터는 나쁜 마녀였다고 합니다. 원작 동화 「눈의 여왕」에서도 눈을 조종하는 여왕은 나쁜 마녀로 그려져요. 어쨌든 안나 공주는 전형적인 디즈니 공주에 적합한 캐릭터임에 분명합니다. 또 드라마틱하게도 왕자는 왕국을 차지하려는 나쁜 놈이고, 안나 공주를 진심으로 사랑하는 얼음 장수가 진짜 마음의 왕자로 설정되었어요. 익숙함 속의 신선함이 이어집니다.

그러나 이런 구도 속에서도 안나는 실제 주인공으로 이야기를 이끌어간다고 볼 수 없어요. 제목에서 보듯이 북유럽의 여름왕국을 겨울왕국으로 만든 것은 언니 엘사 공주예요. 엘사 공주에게 왕자는 필요

없는 존재입니다. 오직 자신만이 있을 뿐입니다. 안나를 얼음 마법 놀이에서 다치게 한 것도 엘사 공주고, 왕궁 문을 닫게 만든 것도 엘사 공주입니다. 스스로 자유를 찾아 왕국을 떠나지만 자신을 구하려다 얼어붙은 동생에게 진심어린 사랑의 눈물을 흘려 살려 내는 것도 엘사 공주입니다. 왕국은 엘사의 사랑으로 다시 여름의 활기를 되찾지요. 이렇게 보았을 때 어찌 엘사가 주인공이 아니라고 할 수 있을까요.

영화의 오리지널 사운드트랙 「렛잇고」를 부른 이도 역시 엘사입니다. 저는 엘사의 내적 갈등이 이 영화에서 가장 심금을 울린 주제가 아닌가 싶습니다. 물론 마법으로 만든 눈사람 울라프가 자기는 녹아도 좋으니 안나를 살려야 한다며 불을 피우는 모습에서 진한 우정을 느낄 수도 있고, 얼음 장수 크리스토프가 눈보라를 헤치고 안나를 구하러 달려오는 모습에서 그 무엇도 막을 수 없는 사랑의 진실을 느낄 수도 있어요. 하지만 이 모든 것들은 그저 엘사 주변에서 큰 이야기를 보조하는 자잘한 이야기들일 뿐입니다. 그러나 엘사가 성장 과정에서 느꼈을 절망과 분노 그리고 동생을 다치게 했다는 데서 오는 자괴감과 두려움에서 오는 좌절. 이것을 이겨 나가는 자아의 성장. 이렇게 애니메이션을 볼 때 주인공은 단연 엘사겠지요.

「렛잇고」를 통해 본 엘사의 자기 억압, 긍정을 통해 소진되어 버린 자아

◇ ◇ ◇

엘사는 원하지 않았지만 얼음을 조종하는 마법의 능력을 타고 났습니다. 마치 원하지 않았지만 누구는 키가 크게 누구는 키가 작게 태어나는 것처럼 말이죠. 동생에게 눈사람도 만들어 주고, 미끄럼틀로 신나게 해줄 수도 있지만 문제는 그것을 통제할 수 없다는 것이에요. 날이 갈수록 엘사가 만들어 내는 차가운 기운은 강력해져 갔습니다. 엘사는 마법 때문에 원치 않게 동생을 다치게 했고, 얼음 마법은 더욱 강력해져서 다른 사람에게 해를 끼칠 수도 있는 지경까지 와 버렸어요. 엘사의 부모는 자칫 마녀처럼 보일 수 있는 엘사를 왕궁에 유폐시키기로 하고 왕궁 문을 닫아요. 엘사는 왕궁 안에 유폐되었을 뿐 아니라 자기 방에서도 나오지 못하는 신세가 되었어요. 왜냐하면 다시는 동생을 다치게 하면 안 되었고, 트롤이 안나에게서 지워 버린 언니의 마법을 알게 해서도 안 되었기 때문이지요. 엘사가 마법을 지녔다는 사실은 본인과 부모만 알고 있는 비밀이 되었습니다.

문밖에서 안나는 '엘사, 눈사람 만들고 싶지 않아?Do you want to build a snowman?'라며 문을 두드립니다. 처음엔 장난스럽게 보이지만 이내 애처로워 보이지요. 안나는 언니와 예전에는 친했던 것 같은데 왜 이렇게 되었는지 모르겠다며 눈물짓습니다. 사실 엘사가 안나와 거리상 멀리 떨어져 있지는 않았어요. 바로 문 뒤에, 손잡이만 한번 돌리면 만날 만큼 가까운 거리에 있으면서도 결코 손을 뻗지 못했던 거지요. 동생과 함께 하고 싶은 건 사실 엘사의 소망입니다.

하지만 그럴 수가 없습니다. 부모님이 안나의 안전을 위해서 안 된다고 했기 때문이지요. 착한 소녀가 되기 위해서는 '부모님의 말씀'을 잘 들어야 해요. 실제 엘사는 가만히 있으라는 부모의 요구에 응했습니다. 마치 공부 열심히 해야 한다는 부모의 요구 때문에 책상에 몸을 묶어 놓는 아이들과도 같죠. 한꺼번에 움직이면 위험하다는 선내 방송을 듣고 가만히 있었던 세월호의 아이들과도 같습니다. 인간은 자율적 존재이고 누군가에게 보이지 않는 사슬로 노예처럼 묶여 있다는 사실을 알게 되는 순간 해방을 향해 나아갈 저력이 있습니다. 그런데 여기에서 끝난다면 단순한 성장 영화와 다르지 않을 것입니다.

처음에는 부모님 말씀 잘 듣는 착한 아이로 숨어 살았지만, 부모가 사망한 이후에도 엘사는 여전히 스스로를 가뒀어요. 누가 시키지 않아도 스스로를 억압하며 동생과 만나 후련하게 이야기하고 싶은 욕망을 억눌렀던 것이지요. 마치 공부하라고 시키는 부모의 말을 잘 듣는 착한 아이처럼, 성공을 위해 현재의 행복을 포기하는 성인들처럼 스스로를 억압했습니다. 혼자라는 두려움, 점점 강력해지는 마법으로 힘들었지만 모두를 위해서 엘사는 견뎌 냈습니다.

여기에서 우리는 한병철의 『피로사회^{Müdigkeitsgesellschaft}』 속에 소개된 인간형을 볼 수 있습니다. 피로사회는 철학자 한병철이 현대 사회의

66

피로사회의 인간은 스스로 자신을 재촉한다. 한순간도 공허한
시간을 갖거나 멍한 시간을 허락하지 않는다. 무언가를 하지
않으면 목표를 성취할 수 없기 때문이다.

99

특징을 이야기하기 위해 고안한 개념입니다. 피로사회의 인간은 누가
시켜서 죽도록 일하지 않습니다. 사람들은 스스로 자신을 끊임없이
재촉합니다. 피로사회의 인간들은 한순간도 공허한 시간을 갖는다거
나 심심해지거나 멍 때리는 시간을 허락하지 않아요. 왜냐하면 지금 무
언가를 하지 않으면 목표하는 어떤 것도 성취할 수 없기 때문이지요.

이렇게 무의식적으로 스스로를 억압하는 현대인들은 자신의 대리

인으로서 엘사와 만났습니다. 그렇게 성실하던 엘사가 그동안 스스로 둘러맸던 사슬을 벗어던지며 '렛잇고'를 부른 장면에서 우리들은 공감 했던 거지요. '까짓 것, 지나고 나니 별거 아니더라' 하는 엘사가 그렇 게 부러워 보일 수가 없었어요. 마음에 부담을 느끼면서도 내려놓을 수 없었던 무거운 짐을 벗어 던지며 '차가운 바람이 주는 시련 따위 견뎌 내겠어. 내 마음 가는 대로 살 거야'라는데 어찌 매력적이지 않 을 수 있을까요.

하지만 우리는 엘사를 동경하면서도 엘사가 되지 못한 채 오늘도 스스로를 쥐어짜며 살아갑니다. 잠시라도 틈이 나면 손에 쥔 스마트 폰이 친구가 되어 줍니다. 옆에 누가 있든 몇 명이 있든 친구는 스마 트폰뿐입니다. 그러면서 스마트폰으로 가끔 '우울증 자기 진단 테스 트'를 해보면서 깜짝 놀랍니다. "나 혹시 우울증이냐?" 엘사와 안나도 우울증이 있어 보이는 건 저만의 생각일까요?

한병철의 『피로사회』
부정성의 과잉에서 긍정성의 과잉으로
◇◇◇

"시대마다 그 시대에 고유한 질병이 있다."로 시작되는 『피로사회』 는 우리 시대의 질병을 날카롭게 파헤쳤습니다. 결론부터 말하자면

이 시대는 사람들이 피로에서 벗어날 수 없는 '피로사회'라는 것입니다. 지난 세기는 면역학적 시대였다는 것이 한병철의 진단입니다. 즉 안과 밖, 친구와 적, 나와 남 사이에 뚜렷한 경계선이 그어진 시대였다는 거죠. 냉전시대 역시 이러한 도식을 따랐습니다. 지난 세기의 면역학적 패러다임 자체는 철저하게 냉전의 어휘와 군사적인 장치의 영향 아래 놓여 있다고 합니다.(『피로사회』, 12쪽)

면역학적 행동의 본질은 공격과 방어입니다. 아무런 위험을 주지 않는 타자도 단지 이질적이라는 이유만으로 제거의 대상이 되죠. 어찌 보면 참으로 정신적으로는 편한 시대이지 않았을까 싶습니다. 왜냐하면 아군과 적군이 명확한 전쟁터에서는 적군에게만 총을 겨누면 되기 때문입니다. 꼭 전쟁터까지 가지 않더라도 면역학적 시대의 증표가 아파트 엘리베이터에 아직 존재합니다. 무슨 소리냐고요? 어린 딸들에게 부모는 늘 신신당부를 합니다. "모르는 아저씨가 있으면 절대 엘리베이터 타지 마!" 그런데 우리 남편도 남들이 보면 모르는 아저씨고, 위아래 층 아빠도 모르는 아저씨이죠. 덩달아 이 모르는 아저씨들은 모르는 여자 어린이나 여성과 단 둘이 엘리베이터 탈 때는 괜히 긴장합니다. 동네를 다닐 때도 마찬가지예요. 누가 다가왔을 때, 전통 사회라면 그저 "안녕하세요" 하고 지나가면 되는 것을 요즘은 흠칫 놀랄 수밖에 없어요. "왜 하필 나한테 이러는 거야?"

한병철은 최근 명시적으로 면역학적 틀을 구사하는 다양한 사회적 담론이 등장하였다고 하면서 이러한 틀이 나온다는 것은 이미 면역학적 패러다임이 몰락하고 있음을 알리는 신호라고 합니다.(『피로사회』, 13쪽) 특징이 명확하게 드러난다는 건 이미 수명이 다한 이야기라는 것이죠. 진짜 우리를 지배하는 건 아직 우리가 모른다는 이야기이겠죠. 게다가 오늘날의 사회는 면역학적인 조직과 방어의 도식으로는 전혀 파악할 수 없다는 거예요. 물론 국가별, 민족별로 면역학적 시대의 몰락은 시기적으로 차이를 보일 겁니다. 면역학적 패러다임은 냉전시대를 조직했습니다. 면역학적 패러다임은 신자유주의의 출현과 더불어 서서히 몰락해 가는 것이지요. 조금 늦을 수도, 조금 빠를 수도 있지만 신자유주의가 진행되는 정도가 비슷하다면 면역학적 패러다임이 몰락하는 시기도 비슷할 것이라는 생각입니다. 한병철의 사회진단은 신자유주의에 대한 분석이기도 하기 때문이죠.

면역학적 패러다임이 소멸하고 나서 우리에게 형성되고 있는 새로운 구도는 이질성과 타자성의 소멸을 두드러진 특징으로 합니다. 이질성은 면역학의 근본 범주예요. 모든 면역 반응은 이질성에 대한 반응이고요. 그런데 오늘날 이질성은 아무런 면역 반응도 일으키지 않는 차이로 대체되었습니다. 면역학적 차원에서 차이란 같은 것이죠.(『피로사회』, 13쪽)

면역학적 패러다임은 세계화 과정과 양립하기 어렵습니다. 면역 반응을 촉발하는 이질성은 탈경계 과정에 걸림돌이 될 뿐이에요. 전 세계인이 빅맥과 코카콜라로 입맛의 이질성을 극복했으며, 케이블 텔레비전으로 오락적 유희를 통일했습니다. 그 틈으로 다국적 기업과 자

❝
신자유주의 시대에 전 세계인의 입맛의 이질성을 극복하고 오락의
유희를 통일했다. 그 틈에 다국적 기업과 자본은 전 세계를
장악했다.
❞

본은 전 세계를 장악했지요.

면역의 근본 특징은 부정성의 변증법입니다. 자아는 타자의 이러한 부정성으로 인해 파멸하는데, 이를 피하려면 자아 편에서 타자를 부정할 수 있어야 해요. 자아는 타자의 부정성을 부정함으로써 타자 속에서 자기 자신을 확인합니다.(『피로사회』, 16쪽) 예방주사의 원리가 바로 이것인데요. 아이가 죽자 하고 우는데도 예방주사를 맞히는 이유

는 이질적인 병균을 아이에게 주사함으로써 아이의 몸이 그걸 이겨 낼 힘을 갖게 하려는 것이지요. 그런데 21세기는 예방접종이 필요한 병들이 창궐하는 시대가 아니기에. 그만큼 우리는 부정할 것이 많지 않은 시대를 살아가고 있다고 봐야겠죠. 한병철은 21세기를 신경성 질환들이 만연하는 시대로 진단하며 신경성 질환자들은 부정성의 과잉이 아니라 긍정성의 과잉이 문제라고 진단합니다.

세계의 긍정화는 새로운 형태의 폭력을 낳습니다. 새로운 폭력은 면역학적 타자에서 나오는 것이 아니라 시스템 자체에 내재하는 것이며, 바로 그러한 내재적 성격으로 인해 면역 저항을 유발하지 않는다고 해요. 내 안에 있는 걸 부정하기는 어렵겠죠. 심리적 경색으로 이어지는 신경성 폭력은 내재성의 테러입니다. 그것은 면역학적 의미에서 타자가 불러일으키는 공포와는 근본적으로 구별됩니다.(『피로사회』, 21쪽)

우울증도, 주의력결핍과잉행동장애나 소진증후군도 긍정성 과잉의 징후이지요. 소진증후군은 자아가 동질적인 것의 과다에 따른 과열로 타 버리는 것인데요. 모두 타 버린 다음엔 아무것도 할 힘이 남아 있지 않겠죠. 이 모든 이름이 바로 피로사회를 대변하는 증후들입니다. 성과사회는 우울증 환자와 낙오자를 만들어 냅니다.

규율사회의 피안에서

◇ ◇ ◇

한병철의 책 『피로사회』는 독일에서 발표된 이후 새로운 문화비평의 한 축을 담당하고 있습니다. 피로사회 담론은 각계각층의 주목을 받으며 그 영역을 여러 분야로 확장하고 있는 중이지요. 특히 우리나라에서 『피로사회』가 주목받는 이유를 단지 한병철이라는 철학자가 한국 출신이면서 세계적 주목을 받는 독일의 유명한 교수라는 데서 찾을 이유는 없어 보입니다. 『피로사회』가 세련되게 잘 다듬어진 철학적 담론도 아니고 그렇다고 깊이 있게 무언가를 전하지는 못하지만, 한국인은 병적으로 성과에 집착하고 그 때문에 피로한 시대를 살아가고 있는 것은 분명하잖아요. 대한민국은 한병철의 이야기에 귀 기울이지 않을 수 없었던 것이라고 생각합니다.

어디 그뿐이겠습니까? 자본주의 사회의 주체는 성과주의에서 절대 벗어나지 못하고 우울증에 걸리고 있으며 일부 사람들은 자신이 왜 우울한지도 미처 알지 못한 채 자살로 생을 마감하는 것이 현실입니다. 주로 월급을 받던 시절의 노동자들은 월 단위로 자신의 삶을 설계했습니다. 그러나 신자유주의 사회의 노동자는 주급, 시급을 받으며 시간 단위로 자신을 계획하고 노력하지 않으면 생계를 꾸릴 수 없습니다.

어디까지 확장될지 알 수 없는 신자유주의의 시대를 살아가는 노동

"

성과사회는 긍정의 사회이다. 무한히 '할 수
있음'이 특징인 이 사회에서 주체는 스스로
자신을 착취한다.

"

자들은 분단위로 자신의 노동력을 뽑아 내며 허덕이고 있습니다. '분급'이라는 자본주의의 착취 시스템에서 노동자는 현실을 직시하기보다는 삶을 외면하고 포기하고 싶을 수밖에 없지 않을까요? 삼성전자의 애프터서비스 기사들은 고객 응대 시간, 자재 반출입 시간을 제외하고 순수하게 수리하는 시간을 분단위로 계산해 임금을 받는다고 합니다. 왜 이렇게까지 되었을까요? 이것은 결코 개인적인 문제가 아닙니다. 이것은 시스템의 문제입니다. 한병철은 현대인이 살고 있는 이 사회를 '피로사회'로 명명하고 현대적 주체의 새로운 특징을 서술했어요. 현대적 주체가 왜 우울증에 걸리고 성과에 집착하는지, 왜 자살하고 왜 과잉행동장애를 앓고 있는지 『피로사회』는 분석하고 있습니다.

한병철은 21세기는 규율사회에서 성과사회로 변모했으며, 이 사회의 주민은 더 이상 '복종적 주체'가 아니라 '성과 주체'로 불린다고 말하죠. 규율사회가 병원, 정신병자 수용소, 감옥, 병영, 공장으로 이루어진 반면 성과사회는 피트니스클럽, 오피스 빌딩, 은행, 공항, 쇼핑몰, 유전자 실험실로 이루어진 사회입니다.(『피로사회』, 23쪽)

규율사회는 부정성의 사회죠. '해서는 안 된다'가 지배적인 조동사가 됩니다. 그러나 성과사회는 긍정성의 사회입니다. 무한정한 '할 수 있음'이 성과사회의 조동사이지요. '예스 위 캔'이라는 복수형 긍정은 이러한 사회의 긍정적 성격을 정확하게 드러내 줍니다. 모두 '예스 위 캔', '예스'라고 하는데 나 혼자 '노'라고 하기는 어렵잖아요. 되든 안 되든 '예스' 해야 중간이라도 갑니다. 규율사회의 부정성은 광인

과 범죄자를 낳지만 성과사회는 우울증 환자와 낙오자를 만들어 냅니다.(『피로사회』, 24쪽)

그런데 한병철은 규율사회는 단절이 아니라 연속을 통해 성과사회로 이행한다고 봐요. 생산성이 일정한 지점에 이르면 규율의 기술이나 금지라는 부정적 도식은 곧 그 한계를 드러냅니다. 생산성의 향상을 위해서 규율의 패러다임은 '성과의 패러다임' 내지 '할 수 있음'이라는 긍정의 도식으로 대체됩니다. 능력의 긍정성(너는 할 수 있어)은 당위의 부정성(해서는 안 돼, 놀면 안 돼, 자면 안 돼)보다 훨씬 효과적이지요. 아이를 교육할 때도 요즘 부모들은 '공부 안 하면 안 돼'라고 하기보다 '너는 공부를 잘할 수 있어'라고 하잖아요. 이렇게 하면 훈계하는 것보다 훨씬 아이들에게 그야말로 잘 먹힙니다. 성과 주체는 복종적 주체보다 더 빠르고 생산적입니다. 흔히 과외나 학원에서 시키는 공부는 한계가 있다고 말하죠. 그래서 필요한 게 자기주도학습이지요. 자기주도학습을 하는 아이는 이미 '성과 주체'의 길을 성취한 것입니다.

한병철은 능력이 당위를 지워 버리는 것은 아니라고 합니다. 성과 주체는 규율에 단련된 상태를 유지해요. 그는 규율 단계를 졸업한 것이지요. 성과 주체는 타인의 훈계와 억압으로 행동하는 자가 아니라 스스로에게 내리는 훈계와 억압으로 행동합니다. 마치 「겨울왕국」의 엘사가 스스로를 억압했던 것처럼 말이지요. 능력은 규율의 기술과 당위의 명령을 통해 도달한 생산성의 수준을 더욱 상승시킵니다.

| B급 철학 |

깊은 심심함

◇◇◇

텔레비전 볼 때 불러도 대답이 없는 사람이나 어떤 일을 하다 보니 중요한 일을 까먹는 사람들을 보고 흔히 '멀티가 안 되는 사람'이라고 말하잖아요. 언제부터 '멀티'라는 말을 했을까요? 컴퓨터의 윈도우 운영체계가 도입되면서부터입니다. 윈도우 시스템의 가장 큰 장점은 멀티태스킹입니다. 우리는 모니터에 창을 여러 개 띄워 두고 간단하게 클릭 한 번으로 여러 일들을 처리하는 데에 익숙합니다. 작업하다 질리면 그 화면 그대로 두고 작업표시줄의 다른 창을 클릭해 웹툰을 보기도 하고 때로는 쇼핑을 하기도 합니다. 저도 컴퓨터로 원고 작업을 하다가 인터넷뱅킹으로 세금을 냈어요. 월말에 세금 내려고 은행에 줄을 길게 서던 추억이 새록새록 떠오릅니다. 그렇다면 책을 읽는다고 멀티태스킹을 하지 않는다고 할 수 있을까요? 책에 집중할 만하면 핸드폰의 문자와 이메일을 체크하는 것이 현대인의 일상이지요. 우리는 늘 '멀티'하지 않으면 불안합니다.

'멀티'가 안 되는 사람이라며 탓하는 시각의 이면에는 '멀티'가 되면 유능한 사람이라는 시각이 자리 잡고 있습니다. 한병철은 "긍정성의 과잉은 자극, 정보, 충동의 과잉으로 표출되기도 한다. …… 지각은 파편화되고 분산된다"(『피로사회』, 30쪽)라고 합니다. 맞는 말입니다. 이 것도 해야 하고 저것도 해야 하니 나의 지각을 흩뿌려 놓는 수밖에 없

> 사자는 사냥을 할 때를 제외하곤 늘 초원을 어슬렁거리거나
> 낮잠을 잔다. 초원에서 사자는 위협을 받지 않기 때문에 '사색에
> 잠길 여유'가 있다.

는 것이지요. 그런데 철학자가 보기에 자기의 시간을 어떻게 관리하고 주의집중을 어떻게 구성하는지에 관한 멀티의 능력은 문명의 진보가 아니라 오히려 퇴보라고 하네요.(『피로사회』, 30쪽)

멀티태스킹은 동물들에게서 발달한 습성이라는 것이라고 합니다. 야생의 얼룩말들은 물을 마시러 가도 결코 물에만 집중하지 못합니다. 언제 맹수들이 자기를 덮칠지 모르기 때문이죠. 그 때문에 "깊은

| B급 철학 |

사색에 잠기다는 것은 불가능"(『피로사회』, 31쪽)합니다. 얼룩말이 사색에 잠긴다는 말이 좀 우습지만 생각해 보면 얼룩말, 토끼 등 공격 능력이 없는 초식동물은 먹이 활동을 하다가 조그마한 소리라도 나면 잽싸게 뛰어야 목숨을 부지할 수 있습니다. 사자처럼 늘어지게 낮잠을 자는 삶의 여유가 초식동물에게는 없어요. 한병철은 인간도 마찬가지라는 것인데요. '멀티'하는 인간은 마치 초식동물과 같은 퇴행성을 갖는다는 것이지요. 사색하는 인간은 인간으로서 최고의 활동을 한다고 볼 수 있지 않을까요? 사색하는 인간이 문화를 낳고 사상을 낳았습니다. 그러나 스마트폰과 인터넷, 게임 등 사이버 세계는 우리에게 사색할 시간을 모두 가져가 버렸어요.

사색이라고 하면 거창해 보이지만 뉴턴도 멍 때리고 사과 떨어지는 것을 보다가 만유인력의 법칙을 발견했잖아요. 이 절의 제목처럼 '깊은 심심함'을 가질 때, 그저 조용히 자신과 자연을 응시할 때, 인간은 인간일 수 있습니다.

「겨울왕국」의 결론과 피로사회 이후

◇◇◇

그런데 한병철의 주장에 반박할 여지는 없을까요? 매일 멍 때리고 있으면 죽이 나오나요, 밥이 나오나요? 무언가 하고 싶은 일이 생겨서 열심히 하고, 그로 인해 피로해지지만 원하는 결과가 나오지 않던 가요? 레오나르도 다빈치가 「모나리자」를 그려 가는 과정에서 피로함을 느끼지 않았을까요? 피로 없이 어떤 것이 가능할까요?

한병철은 페터 한트케Peter Handke의 「피로에 대한 시론」을 인용하여 피로의 종류를 구분합니다. 즉 우리에게 필요한 피로가 있고, 버려야 할 피로가 있다는 것이지요. 성과사회의 피로는 사람들을 개별화시키고 고립시키는 고독한 피로라고 철학자는 말합니다. 한트케에 의하면 이것은 '분열적인 피로'(『피로사회』, 66쪽)입니다.

분열적인 피로 속에서 사람들은 떨어져 있습니다. 여기에서 '떨어져 있다'는 뜻이 거리상 떨어져 있다는 것은 분명 아니겠지요. 안나와 엘사가 가까운 거리에 있으면서도 소통할 수 없었던 것처럼 그렇게 사람들은 분리되어 있어요. 분리되어 있는 사람들은 각자 해결할 수 없는 끝없는 피로에 빠져 있지요. 한병철은 『피로사회』 67쪽에서 한트케를 인용하며 이렇게 말합니다.

"그것은 그러니까 우리의 피로가 아니었고, 이쪽에는 나의 피로가, 저쪽에는 너의 피로가 있는 꼴이었다." 이런 분열적인 피로는 인간을 볼 수 없고 말할 수 없는 상태로 몰아넣는다.

당연히 이러한 분열적인 피로는 서로에게 '지쳤어'라고 말할 수 없습니다. 서로가 지쳤다고 말하고 함께 나눴다면 벗어날 수 있었을 것이라고 철학자는 말합니다. 단지 지쳤다고 말할 힘조차 없는 상태, 말할 수 있는 능력과 영혼이 다 타서 사라진 상태의 분열적인 피로는 우리에게 폭력이지요. 「겨울왕국」의 엘사와 안나는 서로 분리되어 힘겹게 살았습니다. 분열적인 피로 상태에서 삶의 의미를 찾지 못한 상태였지요. 하지만 엘사가 자신의 어려움을 토로할 결단을 했더라면, 함께 힘든 마음을 나눴더라면 아무리 어려운 시련이 닥쳤어도 어떻게든 헤쳐 나가지 않았을까요?

한트케는 '이런 말 못하는, 보지 못하는, 분열시키는 피로'에 대한 대립자로서 말 잘하는, 보는, 화해시키는 피로를 내세웁니다. 접근을 허락하는 피로, 만져지고 또 스스로 만질 수 있는 상태를 실현하는 피로란 무엇일까요? 한병철이나 한트케나 분열 이전의 공동체의 피로는 건전한 피로입니다. 한트케는 이런 피로를 '근본적 피로'로 규정하지요. 근본적 피로는 피로사회의 탈진한 자아가 아무것도 할 능력이 없는 상태와는 전혀 관계가 없습니다. 근본적 피로는 모든 감각이 지쳐 빠져 있는 상태가 아니라 오히려 피로 속에서 특별한 시각이 깨어난 상태입니다. 이러한 피로는 완전히 다른 종류의 주의집중을 가능하게 합니다. "모든 형식은 느리고, 모든 형식은 우회이다. 효율성과 가속화의 경제학은 형식의 소멸을 가져온다. 한트케는 깊은 피로를 치유의 형식, 더 나아가서 회춘의 형식으로 승격시킨다."(『피로사회』, 69쪽)

이쯤 되면 정말 묻고 싶습니다. 도대체 그게 뭔데? 그건 바로 공동

체 속에서 놀이하듯 움직이는 인간들이 느끼는 피로라고 합니다. 요
즘 아이들은 정말 밖에서 지치도록 놀아 본 적이 별로 없어요. 하지
만 40대 이상의 성인들은 누구나 어릴 적 밖에서 많이 놀았잖아요. 이
들에겐 어릴 적 학원이라는 것 자체가 별로 없었어요. 학교 가기 전의
유아들은 정말 하루가 길었고, 초등학생들은 숙제 마치고 질리도록
동네를 누비며 놀았어요. 오죽하면 한 여름 동네에 소독차라도 올라
치면 그 독한 소독약 냄새도 싫다 하지 않고 소독차를 쫓아 뛰기도 했

지요. 동네 아이들은 떼로 몰려다니며 놀기도 하고 맘이 맞는 몇몇이 동네를 벗어나 멀리 쏘다니기도 했어요. 사실 떼로 몰려다니며 놀 때는 누구와 함께 놀아야 하는지에 대해 생각이 없었던 것 같아요. 그저 함께 놀이에 참가해 있고 내가 그 놀이에 빠져 있을 뿐이었죠. 누구는 나와 절친이고 누구는 왕재수고 하는 그런 게 있다면 함께 노는 것 자체가 불가능해요. 절친이라는 말 자체가 개인주의화되어 함께 어울리지 못하는 아이들의 정신세계를 반영하는 말입니다.

함께 어깨를 맞대고 놀이의 시간을 가진 사람들은 친해져요. 너와 나의 구분이 없어지죠. 여기에서 우리는 "소속이나 친족 관계에 의존하지 않는 공동체의 가능성"을 볼 수 있습니다. "인간과 사물은 '그리고'를 통해 서로 결부된 모습을 보여 준다. 한트케는 이러한 개별적 공동체, 개별자들의 공동체가 네덜란드의 정물화 속에 예고되어 있다고 본다."(『피로사회』, 71쪽)

네덜란드 화가들의 그림 안에는 실물과 똑같은 딱정벌레, 벌, 나비 등이 있습니다. 정물화의 존재 의미는 딱정벌레와 벌, 나비가 나누어 갖죠. 한병철은 한트케가 여기에서 말하고자 하는 피로는 자아피로가 아니라 "우리-피로"라고 합니다. "그렇게 우리는——내 기억으로는 늘 밖에서 오후의 햇살을 받으며——앉아 있었고 말을 하기도 하고 침묵을 지키기도 하면서 공동의 피로를 즐겼다. [……] 피로의 구름이, 에테르 같은 피로가 당시 우리를 하나로 엮어 주고 있었다."(『피로사회』, 71쪽)

이런 피로에서 탈진이라는 부정적 피로는 존재하지 않습니다. 탈진은 고립된 자아에게서 나오는 특징이지요. 한병철은 "오순절의 모임"을 한트케에게서 인용하는데, 거기에 모인 사람들은 언제나 피로한 상태라는 것입니다. 그러나 오순절의 모임은 기독교적 의미에서 보듯이 유월절 이후 50일이 지나 그 해의 첫 수확(보리)을 감사하는 모임입니다. 성경에는 손님이든 고아든 과부든 모두 오순절을 기리며 축하하라고 되어 있어요.(『신명기』 16장 11절 참조) 누구나 함께 수확을 즐기는 모임, 철학자는 "오순절 사회"가 미래 사회의 동의어라고 한다면, 도래할 사회 또한 피로사회라고 부를 수 있을지도 모른다는 여운을 남깁니다.(『피로사회』, 73쪽)

엘사와 안나가 사는 왕국에 다시 여름이 찾아왔습니다. 그러나 이전의 여름과는 다릅니다. 엘사 여왕의 마법이 궁전 앞뜰에 스케이트장을 만들어 함께 놀이하고 있으니 말이에요. 함께 놀이하는 공동체 속에서 사람들은 피로를 한껏 즐깁니다.

B급 웃음과 낯설게 하기 철학

TV「개그 콘서트」

———

베르톨트 브레히트, '낯설게 하기'

김성우

「개그 콘서트」

KBS의 주말 프로그램으로 편성된 공개 코미디 프로그램이다. 개그맨들이 무대에서 관객을 대상으로 개그를 펼치는 프로그램들 사이에 음악을 연주하는 식으로 진행하고 있다. 이런 이유로 개그 콘서트라는 이름이 붙었다. 1999년 9월 4일 첫 방송을 시작으로, 대한민국 코미디 프로그램 중 가장 오랜 기간에 걸쳐 방영되고 있다. 과거에 대학로에서 시범적으로 운영되던 공연 형식의 코미디 쇼를 텔레비전으로 고스란히 옮겨온 형태로, 방청객 앞에서 개그를 펼치는 형태로 진행된다. '개그'의 앞글자 '개', '콘서트'의 앞글자 '콘' 자를 따와, 줄여서 개콘이라고도 불린다.

베르톨트 브레히트

베르톨트 브레히트[Bertolt Brecht, 1898~1956]는 '낯설게 하기 효과' 또는 '소격疏隔 효과'라고 불리는 극장 기법을 도입한 20세기 독일을 대표하는 극작가이다. 낯설게 한다는 것은 관객이 극의 주인공에 감정이입하여 몰입하지 못하게 하는 기법을 말한다. 브레히트는 감정이입이 주를 이루는 기존의 드라마 극장 대신에 '낯설게 하기'로 새로운 극장 개념인 '서사 극장' 또는 '변증법 극장'을 고안한다. 게다가 유명한 극단인 베를린 앙상블을 자신의 아내와 더불어 운영하기도 한다. 동시에 브레히트는 사회주의 혁명과 사회 변혁을 꿈꾼 정치 지향의 사상가이다. 그의 극장이론이나 연극 기법 전부 다 이러한 정치적 비전을 달성하기 위한 것이다.

대표작으로는 처녀작 희곡 「바르」(1918)와 제2작 「밤의 북鼓」(1919), 「도시의 정글 속에서」(1923)와 「서푼짜리 오페라」(1928), 「갈릴레이의 일생」(1938), 「억척어멈과 그 자식들」(1939), 「코카서스의 백묵원」(1944) 등이 있다.

난해하기만 한 A급 현대 예술

◇◇◇

현대 예술은 어렵습니다. 특히 전통적인 화성이 없는 무조음악과 같은 클래식을 듣거나 미술관에서 현대적인 추상화를 볼 때면 당혹스러운 느낌을 지울 수가 없죠. '저게 음악이야? 저게 미술이야?' 이러한 의문이 머릿속을 떠나지 않습니다.

한마디로 현대 A급 예술은 어렵고 낯설기만 합니다. 현대 예술 작품에 감정 이입을 하기가 참으로 힘이 들어요. 왜 이리 난해할까요? 예술의 창작 의도와 이를 실현하는 기법이 실험적이면서도 독특하기 때문입니다.

우선 현대 예술 사조의 초기 역사를 잠깐 살펴보겠습니다. 현대 예술의 사조 중에서 사실주의는 그래도 일반인이 이해하기 쉽습니다. 현실을 있는 그대로 그린다는 뜻이니까요. 하지만 이러한 사실주의 realism의 헤게모니에 반발하여 등장한 실험적 예술 사조로 다다이즘 dadaism과 초현실주의surrealism가 있습니다. 이들로부터 예술의 실험성과 난해성이 그 극으로 치닫기 시작합니다.

세 가지 예술 사조를 그 사전적인 의미부터 파악해 봅시다. 사실주의는 일반적으로 현실을 있는 그대로 묘사 · 재현하려고 하는 창작 태도입니다. 19세기 중엽에 유럽에서 일어난 예술 사조로, 현실을 객관적으로 그려 내려고 하는 경향이나 스타일이죠. 그런데 여기에 반기를 든 다다이즘은 모든 사회적 · 예술적 전통을 부정하고 반反이성, 반反도덕, 반反예술을 표방한 예술 운동이자 정치 운동입니다. 제1차 세계대전 중 스위스 취리히에서 일어나 1920년대 유럽에서 성행한 것으로 후에 초현실주의에 흡수되어 버리지요.

초현실주의는 제1차 세계대전 뒤에, 다다이즘의 격렬한 파괴 운동을 흡수하여 발전시킨 예술 혁명 운동이자 정치 혁명 운동입니다. 그 주창자들은 인간이 이성의 굴레에서 해방되기를 원했습니다. 그래서 비합리적인 것이나 무의식 속에 숨어 있는 초현실의 세계를 자동 기술법이나 데페이즈망depaysement과 같은 수법으로 표현하였습니다.

다음 쪽의 그림은 우리나라에 널리 알려진 프랑스의 화가 장 프랑수아 밀레Jean-François Millet의 「만종」입니다. 누구나 이 그림을 보면 쉽게 이해할 수 있습니다. 보통 사람들은 이 그림에서 종교적이고 평화로운 농촌의 분위기를 읽어 내지요. 현실이나 자연을 있는 그대로 그린다는 점에서 밀레는 사실주의 또는 자연주의 미술가로 구분됩니다. 사실주의에서 '사寫'는 베낀다는 것을 뜻하고 '실實'은 현실을 가리킵니다. 따라서 사실주의란 현실을 있는 그대로 사진 찍듯이 그리는 것을 중요하게 여기는 미술의 흐름이란 말이죠.

| B급 철학 |

또 다른 유명한 프랑스 미술가인 마르셀 뒤샹Marcel Duchamp의 「큰 유리」는 이와 다른 결을 보입니다. 현대의 추상미술 작품은 그 제목이 아니면 도대체 작품을 이해할 방법이 없습니다. 그런데 이 작품의 제목인 '큰 유리'라는 이름도 별로 도움이 안 됩니다. 이 작품은 이 이름 말고도 별도의 다른 제목이 있습니다. 심지어, 「그녀의 독신 남자들에 의해 벌거벗겨진 신부」가 뒤샹이 이 작품에 붙인 다른 제목입니다. 이 제목으로는 그 작품이 더 이해가 안 되네요.

그런데 마르셀 뒤샹이 참여한 미술의 흐름(사조)이 다다이즘입니다. 다다dada란 원래 프랑스 말로 아이들이 타고 노는 목마를 의미했지만, 여기서는 아무런 의미도 나타내지 않아요. '다다'란 무의미의 의미, 아무 의미도 없는 의미를 말합니다. 이는 기존 예술에 대한 비판과 저항을 의미합니다.

밀레의 그림과 달리 뒤샹의 작품은 기존 미술을 비판하고 예술의 의미를 새롭게 정의하는 매우 혁신적인 작품이라고 할 수 있어요. 이것이 현대 예술의 정신입니다. 그래서 현대 예술은 어려운 것입니다.

B급 개그의 낯설게 하기 효과
◇◇◇

인기 개그 코너에도 이러한 현대 예술의 난해한 기법이 적용되고 있는 사례들이 있습니다. 이런 점에서 개그 식의 B급 웃음이 어렵기만 한 현대 예술로 들어가는 입문이 될 수 있지 않을까요?

뒤샹의 작품 중 일반인에게 가장 널리 알려진 작품은 남자 소변기를 소재로 한 「샘」입니다. 이 작품은 1917년 뉴욕의 미술 전시회에서 전시를 거절당해 스튜디오에서 찍은 사진만 남아 있습니다.

「큰 유리」나 「샘」은 그림이 아니라 오브제objet입니다. 오브제란 '물건'이란 뜻의 프랑스 말입니다. 오브제는 기성의 일상 용품이나 기계

부품 등이 미술 작품으로 사용되는 것을 말합니다. 오브제는 기존 그림에 대한 반항을 뜻하는 미술 작품인 것이지요.

뒤샹은 이러한 정신을 다음의 말로 표현해요. "난 400년 내지 500년 동안 지속되어 온 유화(油畵)를 더 이상 계속 그려야 할 이유가 없는 시대에 맞는 해결 방법을 찾아야 한다고 생각했네. 결론적으로 자아를 표현할 수 있는 다른 방법들을 찾았다면 그것들의 가치를 인정해야 하지 않겠나."

이처럼 오브제라는 말이 예술적인 의미를 띠게 된 것은 다다이즘과 초현실주의 이후입니다. 오브제를 추구했다는 점에서 어느 평론가는 뒤샹의 「샘」을 기존 예술에 대한 '테러'라고 부르기도 했어요.

왜 기존 예술에 대한 테러일까요? 이것은 뒤샹이 비판과 실험의 정신 속에서 '낯설게 하기'를 시도했기 때문이지요. '낯설게 하기'는 연극에서 베르톨트 브레히트가 도입한 것입니다. 그는 '낯설게 하기 효과' 또는 '소격 효과'라고 불리는 극장 기법을 통해 관객이 극의 주인공에 감정이입하여 몰입하지 못하게 방해합니다. 감정이입이란 관객의 입장에서 "그들이 울 때 나도 울고, 그들이 웃을 때 나도 웃는 것"을 말합니다. 반대로 '낯설게 하기'란 "그들이 울 때 나는 웃고, 그들이 웃을 때 나는 우는 것"입니다.

낯설게 하기란 기존의 이데올로기나 상식에서 벗어나게 하는 연극적 장치를 말합니다. 그런데 이러한 기법이 다다이즘이나 초현실주의 계열의 예술가들에 의해 예술 전반으로 확대됩니다. 낯설기 때문에 난해한 것입니다.

그렇지만 이러한 낯설게 하기 기법이 A급 예술에서만 활용되는 것은 아닙니다. 개그 코너들에서도 웃음 코드로 빈번히 이용됩니다. 실제 개그 코너 사례를 통해 확인할 수 있습니다. 「개그콘서트」의 '생활의 발견'은 낯설게 하기가 무엇인지를 극명히 보여 줍니다.

이 코너의 주인공인 신보라와 송준근은 매번 이별의 위기에 처한 연인으로 등장합니다. 관객들도 두 사람이 만들어 내는 이별의 긴장감에 감정이 이입되어 애간장이 타들어 갑니다. 하지만 그 순간 엉뚱한 대화가 끼어들면서 이러한 극적인 분위기에 찬물을 끼얹습니다.

(감자탕 식당에 온 두 사람)

여자: (심각하게) 오빠, 우리 헤어져.

남자: (심각하게) 그게 지금 감자탕 집에서 할 소리니?

여자: (심각하게) 지금 장소가 중요해?

(식당 점원 등장)

점원: 주문하시겠습니까?

남자: (심각한 표정으로 한참을 생각한 후 점원에게) 감자탕 소짜하고 사이다 하나 주세요. (다시 여자에게 심각한 표정으로) 헤어지자니? 너 지금 무슨 소리야?

여자: (심각하게) 솔직히 우리…… (점원에게) 당면 사리 하나 넣어 주세요.

남자: (심각하게) 너 요즘 힘든 거 아는데…… (점원에게) 우거지 좀 많이 넣어 주세요.

감정이입이란 관객의 입장에서 "그들이 울 때 나도 울고, 그들이 웃을 때 나도 웃는 것"이다. 반대로 '낯설게 하기'란 "그들이 울 때 나는 웃고, 그들이 웃을 때 나는 우는 것"이다.

심각한 이별의 상황에 어울리지 않게 순간순간 끼어드는 너무나 일상적인 말과 행동으로 인해 관객들은 감정이입을 매번 방해받게 됩니다. 작가의 의도적인 장치에 의해 '심각한 이별에 처한 삶의 비정상적인 위기'와 '식당에서 주문하는 행동과 같은 지극히 일상적인 삶'이 부딪히고 있습니다.

이 지점에서 웃음이 터져 나옵니다. 몰입할 때는 심각하지만 떨어져서 보면 아무것도 아닌 일이니까요. 이 간격이 주는 여유, 즉 성찰의 힘이 웃음의 근원입니다. 그때에는 죽을 것처럼 힘들지만 막상 지나고 나면 아무 일도 아니었다는 생각이 듭니다. 이별 뒤에도 밥만 잘 먹더라는 유행가 가사가 있듯이 말입니다. 그래서 이별에는 시간이 약이지요.

전통적인 아리스토텔레스의 연극 이론은 감정의 카타르시스(정화)를 목적에 둡니다. 이러한 관점에서는 관객이 주인공의 감정에 빠져들어 함께 슬퍼하고 눈물을 흘리며 감정을 배설합니다. 그러면 삶의 스트레스와 울분이 다 사라지는 것이지요. 이것이 전통적인 드라마적인 극장입니다.

하지만 브레히트는 이러한 드라마적인 극장 방식에 문제를 제기하면서 주인공의 입장에 감정적으로 빠져들지 못하도록 관객을 낯설게 하려고 연출합니다. 이로 인해 관객은 연극이 현실이 아니라는 점을 알게 됩니다. '낯설게 하기'의 최종적인 목적은, 관객이 연극의 환상에 빠지지 않고 '이곳은 극장이다'라는 현실을 깨닫도록 하는 것입니다.

| B급 철학 |

「개그콘서트」'용감한 녀석들'에서도 브레히트의 '낯설게 하기' 기법이 대단히 잘 드러납니다. 주인공 남성이 뜬금없이 「개그콘서트」의 연출자를 자꾸 거론하는 것이 대표적인 것입니다. 이 외에도 출연자인 개그맨들이 연기 도중에 방청객들과 대화한다거나 개그맨들이 개그 코너와 상관없는 출연자의 실제 일상에 관한 이야기를 늘어놓는 것도 있습니다. 이런 장치들에 의해서 관객은 이 코너가 주는 감정적인 분위기나 이야기의 구조에 몰입이 안 됩니다. 이 엉뚱함을 보고 관객은 갑자기 웃음을 터뜨리게 됩니다. 이 모든 것이 일종의 '낯설게 하기'의 웃음 코드입니다.

'생활의 발견'과 '용감한 녀석들'의 웃음 코드는 현대 예술에서 빈번하게 사용되는 '낯설게 하기'였다는 점이 앞의 분석을 통해 드러났습니다. 이러한 낯설게 하기는 현대 예술에서도 기발하게 활용됩니다.

A급 예술의 낯설게 하기 효과

◇◇◇

벽난로에서 기차가 나온다니! 전화기 위에 바닷가재가 있다니! 이는 말이 안 되는 엉뚱한 작품입니다. 앞의 것은 르네 마그리트^{René Magritte}의 그림이고 뒤의 것은 살바도르 달리^{Salvador Dalí}의 오브제입니다. 이들이 그 유명한 초현실주의 작가들입니다.

> **"**
> 상상력은 인간을 인간이게 하는 조건이다. 상상력은 현실에 없는
> 것을 그려낸다. 하지만 그것이 반드시 무의미한 것은 아니다.
> 환각에 사로잡힌 사람의 상상은 위협적이지만, 과학자의 상상은
> 꿈을 실현한다.
> **"**

    르네 마그리트와 살바도르 달리처럼 초현실주의 계열의 미술가들은 그런 엉뚱한 그림을 그리고 오브제를 설치했습니다. 뒤샹은 앞서 언급한 것처럼 남자 소변기를 작품이라고 우기고, 큰 유리를 벌거벗은 신부라고 큰소리칩니다. 이들과 같은 예술가들은 과연 미친 사람일까요? 미친 것은 맞아요. 그러나 천재적이라는 의미에서 미친 사람

이란 뜻입니다. 즉 상상력이 풍부하다는 말이지요.

상상력은 현실에 없는 것을 그려 냅니다. 그러나 우리는 현실에 있는 것을 가지고 상상할 수밖에 없습니다. 공상과학 영화에 나오는 외계인들이 보통 곤충이나 파충류의 모습을 하고 있는 것을 봐도 알 수 있죠. 작은 곤충을 거대하게 그리면 곤충은 외계인으로 둔갑하는 것입니다. 신화에 나오는 전설의 동물 유니콘도 뿔 있는 말입니다. 말과 뿔의 결합이 유니콘을 낳았지요.

상상력이 낳은 산물이 반드시 현실적인 것은 아닙니다. 하지만 그것은 무의미한 것도 아닙니다. 인간은 오랫동안 하늘을 나는 것을 꿈꾸었습니다. 비행에 대한 꿈은 미친 짓이거나 실현될 수 없는 공상으로 여겨졌지요. 라이트 형제의 노력으로 그 꿈이 비행기로 실현되었습니다.

상상에도 여러 종류가 있습니다. 환각에 사로잡혀 괴로워하는 사람들의 상상은 위협적인 것입니다. 반면에 과학자의 꿈은 현실로 실현됩니다. 예술가의 꿈은 현실을 비판하는 것입니다. 개그 공연자들도 바로 예술가와 마찬가지로 현실을 비판하기 위해 기발한 웃음을 상상해 냅니다.

예술가의 상상력은 왜 말도 안 되는 난센스를 그리는 것일까요? 벽난로와 기차는 우리에게 친숙한 사물들입니다. 그런데 이 둘을 겹쳐 놓으니 정말 이상하지요? 서로 연결고리가 없는데 연결을 해놓으니 이상해 보이는 것은 당연합니다. 이를 현대 예술가들은 낯선 맥락에

삽입하는 것이라고 말합니다. 이것의 예는 뒤샹의 「샘」입니다. 화장실에 있어야 할 소변기가 미술관에 작품으로 전시되어 있어요. 현대 예술가는 물건들이 평소에 있어야 할 곳에 있지 않게 배치하여 작품을 감상하는 사람들에게 당혹감을 주려고 한 것이지요.

이 당혹감으로 인해 우리는 기존에 갖고 있던 친숙함에 거리를 둘수 있습니다. 우리가 꼭 기존의 방식대로 생각하고 살아가야 하는 것일까요? 예를 들어 시험이 필요 없고 체벌이 없는 학교도 그려 볼 수 있습니다. 학생인권조례가 만들어지기 전까지 규칙을 어긴 학생이 선생님께 맞는 것은 당연했어요. 체벌은 심지어 '사랑의 매'라고 불렸어요. 그러나 오늘날 체벌은 학생의 인권을 침해하는 폭력일 뿐이에요. 예전에 우리나라 사람들은 이런 생각을 못했습니다. 일제 강점기부터 폭력을 당하는 것에 익숙해 있었기 때문이지요. 그래서 친숙함이란 올바른 생각의 방해물일 수 있어요. 친숙하니까 생각하지 않는 것이지요.

예술가의 기이한 상상은 친숙한 것과의 결별입니다. 뒤샹의 말대로 「샘」이나 「큰 유리」는 400~500년의 미술 전통과 단절하는 것을 말합니다.

데페이즈망 기법

데페이즈망은 일상적인 친숙함을 파괴하는 미술 기법입니다. 이를 가장 잘 구사한 화가가 벨기에 출신의 르네 마그리트입니다. 그는 다다이즘 이후에 등장한 초현실주의 미술의 흐름에 속하는 화가입니다.

이와 유사하게 초현실주의를 주도한 미술가인 스페인 출신의 살바도르 달리도 있습니다. 그는 앞서 언급한 대로 바닷가재와 전화기를 결합한 화가입니다. 전화기 위에 바닷가재라니 참 당혹스럽지요?

달리와 마그리트의 초현실주의 작품들은 친숙한 사물들을 묘사합니다. 그러나 그들은 이 사물들을 낯선 맥락에 삽입하여 시각적인 충격을 통해 신비한 분위기를 창출합니다.

여기서 신비하다는 것은 이 세계가 진실한 모습으로 나타나지 않는다는 것을 의미합니다. 안개가 자욱할 때는 앞이 보이지 않습니다. 안개가 개면 잘 보입니다. 데페이즈망 기법은 우리 눈을 가리는 안개를 제거하는 미술 기술입니다.

화가가 시체가 되어 그리는 자동기술법

초현실주의 기법 중에 자동기술법automatisme이라는 것이 있습니다. 이 기법은 말 그대로 자동으로 그리는 것을 뜻합니다. 다시 말해서 일상적이고 주관적인 의식을 배제하고 우리의 무의식에 존재하는 이미지를 그대로 그리는 것이지요. 이를 위해 작가는 시체가 되어야 해요.

자동기술법에 대하여 호안 미로Joan Miro는 다음과 같이 말했습니다.

"나는 정원사처럼 또는 포도 농부처럼 작업합니다. 사물들은 천천히 다가옵니다. 예를 들어 나의 형태들에 대한 용어들을 내가 한순간에 발견할 수는 없어요. 이것은 나의 의지와는 상관없이 만들어지지요. 사물들은 자연스럽게 진행되고, 자라나고, 성숙됩니다. 이것은 샐러드를 만드는 것처럼 서로 결합되어야 하고, 섞여야 해요. 이것은 나의 정신(무의식) 속에서 무르익을 뿐이지요."

호안 미로는 달리와 마찬가지로 스페인 출신이면서 자동기술법으로 유명한, 초현실주의 추상미술의 대가입니다. 그의 대표작은 「경작지」입니다. 하지만 그림은 이름과 참으로 무관하게 보입니다. 오늘날 전쟁은 주로 석유라는 자원을 차지하기 위해 벌어집니다. 19세기에는 면화와 관련된 전쟁이 많았어요. 대표적인 예는 나폴레옹 전쟁과 미국의 남북전쟁이지요. 전쟁이 일어나면 질병과 기근, 결국 죽음이 일어납니다. 이러한 인류의 비극을 호안 미로는 단 하나의 그림으로 잘 보여 주고 있어요. 그러나 이러한 해석을 보기 전까지는 전혀 이 그림을 이해하기 어렵습니다.

이는 앞서 미로의 말대로 이러한 역사적인 비극이 그의 무의식 속에서 자라나 성숙된 것을 자동으로 기술한 것이지요. 이와 같이 자동기술법도 세계의 진실을 드러내기 위해 일상 의식이라는 안개를 제거하는 미술 기법이라고 할 수 있어요. 이와 같은 기법으로 쓰인, 가장 유명한 문학 작품이 마르셀 프루스트Marcel Proust의 『잃어버린 시간을 찾아서À la recherche du temps perdu』입니다. 초현실주의는 미술뿐 아니라 문학에서도 주목받은 예술 사조인 것이지요.

다다이즘이나 초현실주의 예술가들이 데페이즈망 기법이나 자동기술법과 같은 창작 방법들을 발전시킨 이유는 바로 일상적인 우리 의식에 낀 안개나 먼지를 제거하기 위한 것입니다. 그들의 작품이 기상천외한 것은 바로 여기에서 기인하지요.

그런데 더 큰 문제가 있어요. 우리의 생각만이 아니라 우리가 살고 있는 현실도 안개일 수 있어요.

친숙한 현실이 진실일까?
◇◇◇

있는 것이 언제나 진실일까요? 부정과 부패는 없는 게 낫지 않을까요? 불행과 고통도 없는 게 좋지요. 있다고 다 좋은 것은 아닙니다. 더구나 있다고 다 진실하지는 않습니다. 이렇게 진실이 아닌, 꼬여 있거나 비틀린 현실을 비판할 때 우리는 꿈을 꿉니다.

개그의 B급 웃음도 이런 친숙함에 대한 비판을 보여 줍니다. 「개그 콘서트」의 '어른들을 위한 동화'라는 코너도 매회 우리에게 친숙한 동화를 패러디합니다. 여기에 등장하는 동화 원작은 완전히 다른 이야기로 재해석됩니다. 예를 들어 '햇님, 달님' 에피소드의 경우, 원작에서 호랑이는 아이들을 잡아먹으려는 악당이었습니다. 그런데 새로운

해석에 의하면 호랑이가 떡장수 아주머니의 죽음을 목격하고 사랑과
정의에 눈을 떠 자신의 목숨을 희생하여 아이들을 구합니다.

이런 점에서 '어른들을 위한 동화'는 신선하다 못해 '낯선' 개그였
습니다. 진부한 내용이 갑자기 생소해지면서 관객에게 신선한 느낌
과 웃음이 생기게 되지요. 아르투르 쇼펜하우어Arthur Schopenhauer가 주

장한 '웃음의 불일치 이론'에 의하면 너무나 익숙한 진지함이 '낯설게 하기'로 일어난 웃음을 통해 더욱 강화되고, 웃음은 진지함 속에서 더 커집니다. 이러한 불일치는 세상에 대한 집착에서 벗어나게 해줍니다. 또한 브레히트는 '낯설게 하기'를 통해 일상생활의 매너리즘적인 의식에서 벗어날 수 있다고 생각했습니다. '어른들을 위한 동화'의 B급 웃음이 이러한 대가들의 웃음 이론을 구현했던 것입니다.

학생들은 꿈을 꿉니다. 하지만 이는 단순한 공상이 아닙니다. 시험도 없고 체벌도 없는 교실을 꿈꾼다는 것은 성적을 강요하고 체벌을 행하는 교실에 대한 비판입니다. 인간의 꿈은 현실을 넘어서는 진실입니다. 현실을 초월하는 것을 '초현실'이라고 부릅니다.

이러한 초현실을 그리는 미술 사조를 초현실주의라고 합니다. 이는 밀레의 「만종」과 같은 사실주의와 반대입니다. 앞서 사실주의는 현실을 있는 그대로 그리겠다는 미술 사조라고 했지요. 초현실을 그린다고 전혀 현실 감각이 무딘 사람은 아닙니다.

예를 들어 대표적인 초현실주의 작가인 달리는 이 「만종」이라는 그림을 보고 평화로움이 아니라 불안감을 느껴 이에 대한 논문까지 썼어요. 그 당시 달리의 이러한 태도는 그가 이상한 사람이라는 편견을 만드는 데 기여했지요. 그런데 밀레의 「만종」을 엑스레이 사진으로 찍어봤더니 감자 바구니가 원래 죽은 아기의 관인 것으로 드러났어요. 그러면 이 그림은 종교적이고 평화로운 농촌이 아니라 그 당시 끔찍했던 농촌의 현실을 비판한 그림이 됩니다.

도리어 현대의 과학이 달리의 상상력을 입증해 줬네요. 이처럼 초현실주의자도 사실주의자 못지않게 현실적인 사람들입니다. 다만 예술을 하는 방식이 다를 뿐이에요. 밀레가 사실주의적으로 그 당시 농촌의 현실을 비판적으로 그린 거라면 달리는 초현실주의적으로 자신의 시대를 비판한 것입니다. 즉 초현실주의라는 예술 사조는 현실을 뛰어넘는 꿈을 꿈으로써 현실을 비판하는 것입니다.

초현실주의 화가들의 그림이 난해한 것은 앞서 말한 친숙한 것과의 결별에 있습니다. 코미디언들의 웃음 코드 중 하나가 바로 친숙한 것과의 결별입니다.

현실보다 더 진실한 예술!

◇◇◇

예술은 상상의 산물이지만 현실보다 더 진실할 수 있습니다. 그래서 예술은 세계의 본질적 신비스러움을 자극하는 기관(도구)입니다. 세계의 본질적 신비스러움이란 삶의 진실을 의미합니다. 삶의 진실을 보려면, 다시 말해서 내 생각의 안개나 먼지를 거두려면 현대의 다다이즘이나 초현실주의 그림을 제대로 읽어 낼 필요가 있습니다.

다시 한 번 르네 마그리트의 「응고된 시간」으로 되돌아가 봅시다. 응고된 시간이란 시간이 멈춘 것을 말합니다. 더 나아가 시간이 기계화되어 생동감을 잃어버린 것을 말합니다. 시간이 응고된 대표적인 사례는 여러분을 괴롭히는 시간표입니다.

현대인은 시간표대로 살아갑니다. 기차도 시간표에 따라 움직이고 학생도 시간표에 따라 생활합니다. 현대인은 시간의 주인으로서 시간을 사는 것이 아닙니다. 현대인은 시간표에 따라 살아가는 종속된 존재입니다. 그래서 기차는 벽난로에 꽂혀 응고돼 버렸습니다. 그 위에 시계가 시간을 가리키고 있습니다. 시계가 곧 시간이 응고된 것, 기계화된 것을 상징하는 것이지요.

이 작품은 현대인의 기계화된 삶의 방식을 이렇게 기인한 이미지의 배열로 그리고 있는 것입니다. 우리가 너무나도 당연하게 생각한 시간표가 나를 괴롭히는 것일 수 있다는 것을 이 그림을 통해 깨달을 수 있습니다.

밀레의 「만종」이나 뒤샹의 「큰 유리」도 현실에 대한 비판입니다. 「만종」이 평화로운 모습 속에 감추어진 어려운 농촌의 삶에 대한 비판이라면, 「큰 유리」는 일종의 엑스레이 사진과도 같습니다. 엑스레이 사진이 인체 내부를 투과해서 보여 주는 것처럼 「큰 유리」도 삶의 표면이 아니라 삶의 내부를 투과해 보여 줍니다.

루마니아 출신으로 오스트리아 빈에서 성장하여 미국에서 활동하며 공간연출 디자인을 창시한 프레데릭 키슬러Frederick J. Kiesler가 이 「큰 유리」라는 작품을 엑스레이 사진이라고 해석하였죠. 그는 여기서 영감을 얻어 그림을 공간에 매다는 혁신적인 기법을 창안합니다.

확실히 위대한 정신은 위대한 정신을 알아봅니다. 달리가 밀레의 그림을 보고 마치 엑스레이 사진이라도 찍은 듯이 그 핵심을 이해한 것처럼. 미술은 단 하나의 장면으로 이렇게 우리의 잠든 마음을 일깨웁니다. 그래서 예술은 삶의 표면이 아닌 세계의 본질적 신비스러움을 자극하는 기관(도구)입니다. 개그 코너들의 B급 웃음도 못지않게 삶의 표면을 비판하는 기관입니다. 우리는 현실을 풍자하고 기성 권위에 도전하는 개그를 사랑하지 않을 수 없습니다.

8

벽 안에 갇힌 사람들의 분열과 욕망

만화 『진격의 거인』

———

슬라보예 지젝 『이데올로기의 숭고한 대상』

조배준

『진격의 거인』

신인 작가 이사야마 하지메가 2009년 10월부터 일본의 고단샤에서 발행하는《별책 소년 매거진》에 연재하기 시작한 판타지 액션 만화이다. 현재는 TV용·극장용 애니메이션, 두 편의 실사 영화, 소설, 게임, 스핀오프 만화, 각종 패러디 등 관련 콘텐츠가 계속 확장되고 있다. 단행본 누계 발행 부수는 이미 6,000만 부를 돌파했다고 전해진다. 인간을 잡아먹는 거인의 공격으로 전멸할 위기에 처한 인류가 삼중으로 지어진 거대한 벽 안에서 살아간다는 배경 위에서, 벽을 부수며 나타난 초대형 거인에 의해 어머니와 아버지를 잃은 주인공이 복수를 다짐하며 이야기가 시작된다. 한국에서도 애니메이션이 나온 2013년부터 큰 반향을 일으켰고 '진격의 ~'라는 말이 유행어가 되기도 했지만, 작가의 식민지 역사와 관련된 망언들이 전해지면서 그 인기가 시들해졌다.

슬라보예 지젝

1949년 슬로베니아에서 태어나 루블리냐대에서 하이데거 연구로 철학 박사학위를 받고, 이후 프랑스로 옮겨 라캉의 관점에서 헤겔 철학을 연구하여 정신분석학 박사학위를 받았다. 슬로베니아학파의 대표로서 마르크스를 참조하면서 라캉의 헤겔을 변주하는 독창적인 사유는 그의 글쓰기를 아주 생산적이고 혁신적인 방향으로 이끌었다. 1989년 영어권에 자신을 알린『이데올로기의 숭고한 대상』이후 철학, 정치, 영화, 문학, 클래식 음악을 넘나드는 많은 저서를 통해 어느새 살아 있는 철학자 중 가장 유명한 사람이면서 '가장 위험한 철학자'라는 소리를 듣게 되었다. 21세기 들어 초기보다 더욱 급진적으로 현실에 개입하고 행동하면서 반자본주의의 목소리를 높이고 있다. 그의 철학 사상을 잘 보여 주는 대표적인 저서로는 위의 데뷔작 이외에,『부정적인 것과 함께 머물기』,『까다로운 주체』,『시차적 관점』,『헤겔 레스토랑』,『라캉 카페』등이 있다.

진격: 그로테스크와 스펙터클의 만남

◇ ◇ ◇

만화나 애니메이션은 '재미삼아' 볼 때 제일 재밌습니다. 골치 아프게 의미와 교훈을 따질 필요 없이 시간 가는 줄도 모르고 몰입하는 경험도 가끔은 필요한 것 같습니다. 그렇지만 다시 음미되지 못할 문화 콘텐츠라면 구겨져서 쓰레기통에 처박히는 햄버거 포장지보다 나을 것이 없어 보입니다. 소위 B급 문화라고 일컬어지는 것들을 탐닉하다 보면, 쉽게 휘발되는 그 '재미'를 잃은 뒤 특정한 캐릭터와 설정을 선호하면서 다시 다른 대상을 찾아나서는 나 자신의 욕망을 마주할 수 있습니다. 때로는 책을 덮거나 화면을 끄고 나서 여러 생각이 많아져서, B급 문화 속에서 시대가 성감대처럼 숨기고 있는 상징이나 이면의 균열을 포착하기도 합니다.

『진격의 거인進擊の巨人』은 이사야마 하지메諫山創가 2009년부터 연재하고 있는 만화입니다. 현재까지 단행본의 누계 발행 권수가 무려 6,000만 부를 넘었다고 합니다. 하지메는 1986년에 태어난 젊은 작가로 이 작품 하나로 독특한 상상력과 치밀한 구성력을 인정받아 일본뿐 아니라

한국에서도 많은 팬을 확보했습니다. 그의 원작 만화는 애니메이션, 영화, 게임 등으로 연이어 만들어졌죠. 인육을 섭식하는 자극적인 그림과 흡입력 있는 기괴한 이야기는 일본과 한국 젊은이들의 숨겨진(?) 욕망을 자극했습니다. 물론 '진격의 거인'이라는 일본식 어투부터 우리말의 자연스러운 어법과 맞지 않다며 거부감을 표현하는 분들도 있었습니다.

『진격의 거인』은 이런 이야기로 시작합니다. '100여 년 전, 갑자기 나타난 거인들에 의해 멸종 위기에 처한 인류는 살아남기 위해 삼중으로 지어진 50미터의 거대한 벽을 쌓고 그 안에서 숨죽이며 살아가고 있었다. 그러던 어느 날, 초대형 거인이 등장해 벽을 무너뜨리고 다른 거인들도 벽 안으로 들어와 사람들을 잡아먹기 시작한다. 거인에게 어머니를 잃은 엘런은 절망적이고 처참한 상황에서 복수를 다짐하며 제104기 훈련병단에 참여한다.'

저는 사실 애니메이션으로 만들어진 『진격의 거인』을 처음 보고 나서 이상하게도 어린 시절 친구 집에 모여 몰래 포르노 테이프를 보던 때를 떠올랐습니다. 피부가 벗겨져 '붉은 근육'을 과시하며 길게 찢어진 입으로 '하얀 치아'를 드러내는 '식인 거인'의 '식사 장면'은 그로테스크하면서도 스펙터클합니다. 그동안 익숙하게 봐오던 SF 장르의 '잿빛 미래'와는 달리 인류는 디지털 기계 문명에 의해서가 아니라, 거인들의 새하얀 치아 사이에서 찢겨지고 검붉은 피를 뿜으면서 멸종 위기에 빠집니다. 물어 뜯겨 잘려 나가는 사람들의 머리와 사지四肢,

66

『진격의 거인』 속 인육을 섭식하는 거인과 기괴한 이야기 구조는
젊은이들의 숨겨진 욕망을 자극했다.

99

그 거인들의 몸을 베고 찌르는 '조사병단'의 예리한 칼날에 흥분과 쾌
감은 증폭됩니다. 거인을 향해 호쾌하게 날아드는 등장인물들의 '입
체기동장치'와 박진감 넘치는 주제 음악은 심장을 두근거리게 만듭니
다. 거기에는 흔한 고어gore 영화와는 다른 파괴적 쾌감이 있었습니다.

　　『진격의 거인』은 그로테스크와 스펙터클이 격정적으로 연소할 때
어떤 종류의 폭발력을 가지게 되는지를 잘 보여 줍니다. 원래 이질적
인 요소들을 복잡하게 결합한 고대 로마식의 독특한 무늬 장식을 의

미했던 '그로테스크grotesque'라는 용어는 이제 문화예술 전반에서 활용되는 초현실적이고 섬뜩한 괴기미怪奇美를 표현할 때 활용됩니다. 이 기괴한 설정이 '스펙터클spectacle'하게 묘사될 때 '더 자극적인 것'을 갈망하는 대중들은 화답하지 않을 수 없습니다.

그러나 보드리야르가 일찍이 지적했듯이, 오늘날 우리가 접하는 '스펙터클의 폭력'은 인식 능력을 압도하는 미디어 기술을 통해 우리에게 많은 정보와 이미지를 보여 주지만, 더욱 중요한 '실재'를 사라지게 만든다는 것입니다. 고전적인 폭력은 그것의 원천이 되는 지배 권력을 노출시켰지만, 우리 시대의 새로운 폭력은 그 흔적을 지워 나가면서 자기 통제와 검열을 더욱 빠르게 내면화시킨다는 것입니다. 현대 사회에서는 실제 사물들의 사용가치나 상징가치는 점점 증발하면서 살아 있는 것을 재현한 복제된 이미지들의 상호작용이 '더 현실적인 것'이 됩니다. 이미지로만 감각되는 가상의 폭력 탓에 살아서 꿈틀거리는 체제의 폭력에 둔감해진다는 점에서 그런 종류의 폭력은 '시위대의 머리를 향해 직사로 날아드는 최루액 물대포'보다 어쩌면 더 위험합니다. 오늘날의 전장을 누비는 전투 헬기의 조종사들은 마치 시뮬레이션 전투 게임을 즐기듯이 적외선 투시 화면을 통해 민간인들의 머리 위로 흉악한 백린탄을 쏟아 부을 수도 있습니다.

어쨌든 『진격의 거인』을 보면서 예사롭지 않던 초반의 흥미가 의문으로 바뀌는 데는 오랜 시간이 걸리지 않았습니다. 애니메이션으로 만들어진 짧은 에피소드들을 연이어 보게 되는 저 자신을 발견하면

| B급 철학 |

서 말초적 감각을 흡입하는 이 작품의 힘이 어디에서 나오는 것인지, 또 수많은 신인 작가들 중에서 이 작가의 콘텐츠가 대중의 욕망과 조우한 지점은 어디인지 궁금했습니다. 저도 모르게 즉물적으로 느끼는 이 기이한 중독성의 정체와 왠지 모를 그 불편함은 무엇이었을까요? 이 작품이 한일 양국에서 얻은 폭발적인 인기는 어쩌면 오늘날 한국과 일본의 젊은이들이 공유하고 있는 어떤 심리적 중핵 때문은 아닐까 의심도 해보게 됩니다. 그것이 삶에 대한 증오와 타자에 대한 혐오가 아니길 조심스럽게 바라면서요.

일본: 군국주의의 부활과 파쇼적 감성에 대한 응답

◇ ◇ ◇

『진격의 거인』은 북유럽의 거인족 신화와 작가가 좋아하는 일본의 다른 애니메이션에서 영향을 받거나 모티브를 빌려 왔다고 알려져 있습니다. 그런데 이 작품이 한국에서도 큰 인기를 끌던 무렵 팬들 사이에서는 하지메의 노골적인 우익 성향 발언들이 주목을 받았습니다. 2013년 10월, 그는 트위터 계정에 "한국이 생기기 40년 전부터 있던 (일본의) 군대인데 나치랑 같은 수준으로 취급하는 건 난폭한 생각인 것 같다." "일본에 통치당한 덕분에 인구와 수명도 두 배로 늘어난 조선인들인데 민족정화를 당한 유대인과 비슷하다고는 생각할 수 없다. 그런 식의 분류가 오해와 차별을 만드는 것이다"라는 글을 올렸습니다.

이어서 『진격의 거인』에 등장하는 캐릭터인 픽시스 사령관의 모델이 조선의 강제병합을 주도한 인물들 중 한 명이자, 청일전쟁과 러일전쟁에 참전한 일본 육군대장 아키야마 요시호루秋山好古라는 이야기도 떠돌았습니다. 또한 러일전쟁을 다룬 역사극인 시바 료타로司馬遼太郎의 소설 『언덕 위의 구름』의 영향을 받은 작가는 등장인물 중 한 명인 미카사의 이름을 당시 활약한 일본의 전함 이름에서 가져오기도 했습니다. "인간의 나약함에 주목하여 잡아먹히는 것에 대한 원초적인 두려움을 드러내는 것이 작품의 의도였다"라는 작가의 말을 곧이곧대로 믿기에는, 그의 다른 발언과 태도에 과거 일본의 침략 전쟁을 미화하고 그것을 자위적 전쟁으로 보는 극우파의 역사관이 잘 드러납니다.

저는 이 작품의 폭발적인 인기를 고려하면 작가의 돌출적인 발언들이 단지 개인적 세계관이나 취향에 대한 피력에 그치는 것이라고는 보이지 않았습니다. '대일본제국'의 영광을 그리워하고 재현하려는 시대착오적 우파가 득세하는 현재 일본 사회에서, 또 잦은 지진의 위협과 방사능 유출의 트라우마에 시달리면서도 그것을 애써 억압해야 하는 젊은이들은 군국주의의 잔향이 진한 이 작품에서 무엇을 보았을까요? 진격해 오는 거인들을 보며 그들은 무엇을 생각했을까요? 한 명의 청년 작가가 대변한 일본의 집단 무의식은 무엇을 드러내고 또 어떤 것을 숨기고 있을까요?

| B급 철학 |

작가의 극우주의적 발언을 비롯해 만화는 일본의 식민지배와
전쟁을 미화하고, 군국주의적 과거를 재현하려는 시대착오적
이미지로 가득하다.

『진격의 거인』은 인간의 이성에 대한 신뢰와 그것을 통한 평화와 희망을 거부하는 디스토피아적 상상력과 냉소적 세계관을 저변에 깔고 있습니다. 인간에 대한 신뢰를 대신하는 것은 압도적이고 절대적인 '힘'과 '의지'에 대한 숭배입니다. 그러한 '큰 힘'에 대한 정당화는 개별자들의 고유성을 인정하지 않으려는 대중의 파쇼적 감성을 자극합니다. 이러한 해석은 인간의 본성에 이미 폭력성과 야만성이라는 어두운 심연이 내재되어 있다는 논리로 이어집니다. 파시즘은 파괴적 역동성을 강조하면서 집단적 공격 심리의 발현을 추동하며, 다양한 인간성의 구성 요소를 단순화시키고 그에 대한 총체적 파악을 시도합니다. 초자아적 문명이 파괴되고 기존의 법, 도덕, 정의가 무력화되는 상황에서 작품 속 인물들은 지옥도를 연상시킵니다.

"처음부터 이 세계는 지옥이었어. 강한 자가 약한 자를 잡아먹는, 친절할 정도로 알기 쉬운 세계."(아르민)

"이 세계는 잔혹해. …… 그때부터 나는 나 자신을 완전하게 조절할 수 있었어."(미카사)

"저는 이미 인류 부흥을 위해서라면 심장을 바친다고 맹세한 병사! 그 신념에 따른 끝에 목숨이 다한다면 바라는 바! 그(엘런)가 가진 거인의 힘과 잔존 병력이 합쳐진다면 이 거리의 탈환도 불가능하지 않습니다! 인류의 영광을 바라고 지금부터 죽어갈 짧은 동안에 그의 전술 가치를 말하겠습니다!"(아르민)

또한 『진격의 거인』에서 최전방의 게토ghetto에서 처절하게 싸우는 작은 '영웅들'의 전체주의적 사고방식과 그들이 활용하는 재래식 무기는 보는 이로 하여금 특정한 시대의식에 대한 각성을 부추깁니다. 작품 속 대부분의 인물들은 독자적인 사고를 하지 못합니다. 거인에게 쫓기면서 혼비백산하여 달아나는 사람들의 모습처럼 압도적인 폭력에 의한 공포를 체감하는 상황에서 우리는 폭력 자체의 배경과 정당성에 대해 생각할 기회를 갖지 못합니다. 그곳에서는 '생존'만이 진리이고, 자신을 보호하기 위한 대항폭력counter-violence만이 유일한 해결책입니다. 여기서 거인의 '본능적 진격'에 대비되는 인간의 '저항적 진격'은 얄팍한 휴머니즘의 감동을 줄 수 있을지는 몰라도, 근원적인 해결책이 되지는 못합니다. 부정의한 폭력을 구조화하는 시스템 자체를 해체하려는, 즉 폭력 자체에 저항하는 폭력으로 나아가지 못하기 때문입니다.

한편 『진격의 거인』에서 거인들의 지배를 받지 않는 생존 공간은 배타적으로 구분되어 있고 서열화되어 있습니다. 인류의 마지막 보금자리인 벽 안쪽의 세계는 차별과 배제를 통한 지배 양식이 체계화되어 있습니다. 바깥쪽부터 점점 고도가 높아지며 '월 마리아'-'월 로제'-'월 시나'-'왕정'의 위계로 구분됩니다. 인간과 거인의 비대칭적 힘의 관계는 철저한 계급사회의 구축을 용인하게 만듭니다. 여기서 상이한 이해관계는 모순으로 부각되지 않으며, 민주주의, 인권, 사회적 연대 같은 것들은 완전히 무관심한 가치들입니다. 정치인들이 주워섬기는

'국민의 뜻', '국익'이라는 말의 활용에서 보듯이, 여기서 '인류'라는 이름의 절대적 주권은 내부의 많은 모순과 비밀을 은폐시킵니다.

벽 사이의 공간은 여러 국가들의 복합적 커뮤니티가 아니라 황인종과 흑인종은 거의 몰살당한 단일한 세계로 축소되었습니다. '인류'의 생존과 보존이라는 집단적 명칭은 등장하지만 그 인류는 서로 연결되어 있거나 연합된 존재가 아닙니다. 인류를 운운하는 세계시민주의의 이상은 서로 다른 사람들 사이의 성숙한 연대를 전제하는 것이지만, 그 공간에서는 중심 집단과 개인의 철저한 일체화, 그리고 자아와 개인의 일체화가 중요할 뿐입니다. 삶의 영역이 오직 생존의 차원으로 전락한 그런 세계에서 젊은이들의 미래는 획일화됩니다. 위계화된 삼중의 벽 사이에서 절대적 주권은 제일 안쪽의 소유물입니다. 이처럼 권력과 삶과 문화가 중앙의 어느 한 곳으로 집중된 이 세계는 퇴행적인 곳입니다.

결국 『진격의 거인』이 보여 주는 세계는 벽 안쪽 중심의 왕과 소수의 귀족을 수호하고, 또는 벽 바깥 세계의 또 다른 지배 권력을 위해 수많은 사람들이 거인과 처절한 싸움을 벌이고 있는 곳일까요? 이 단편적 광경을 보고 메이지 유신 이후 천황을 중심으로 재편되었던 일본의 역사와 일련의 제국주의-전체주의의 역사를 떠올리는 것은 저만의 편벽한 습관일까요? 『진격의 거인』에서 '대의'를 위해 영웅적으로 목숨을 바칠 각오가 되어 있다는 인물들의 비장한 선언을 보면서 '가미카제'를, 거인에 대한 각종 실험과 연구를 보면서 731부대의 '생체

❝

전체주의적 사회에서는 중심 집단과 개인의 일체화가 중요해진다.
권력과 삶과 문화가 중앙으로 집중된 이 세계에서는 성숙한
연대와 공감이 사라지며 시대정신도 계속 퇴행한다.

❞

실험'을, 드넓은 세계로 진출하기 위해 무사안일주의를 버리고 과감하
게 도전하자는 사령관의 메시지를 들으면서 '대동아공영권'을 떠올리고
끔찍한 전쟁범죄에 대한 '데자뷰'를 느끼는 것은 저만의 착각일까요?

이 거대한 감옥은 '파놉티콘panopticon'의 구조와 닮아 있습니다. 파
놉티콘을 소개하는 『감시와 처벌』에서 미셸 푸코의 관심은 근대적 주
체성의 특수한 양식을 구성하는 방식을 비판적으로 고찰해 보는 것이
었습니다. 즉 각각의 주체들이 자기 자신을 주체로 생산하면서 스스
로 자기-지배 방식을 수립하는 메커니즘은 그리스어로 '모두'를 뜻하
는 'pan'과 '본다'를 뜻하는 'opticon'이 합쳐진 파놉티콘이라는 이 감옥

건축 양식에 잘 구현되어 있습니다. 소수의 감시자가 자신을 드러내지 않고 모든 수감자를 감시할 수 있는 '일망감시' 형태를 최초로 창안한 제러미 벤담이 말했듯이, 이 구조는 감시자에게 "진행되는 모든 것을 한눈에 파악할 수 있는 능력"을 갖게 해줍니다. 그런데 이 감옥의 진짜 효과는 어두운 중앙의 감시탑 안에 감시자가 부재하더라도 각방의 수감자들은 늘 감시받고 있다는 의식에 사로잡혀 자기 검열을 깊이 내면화하게 된다는 것입니다.

'히틀러'의 독일이라는 표상을 만든 것은 괴벨스의 선전선동 전술이나 나치의 선전 영화 같은 '정치의 예술화' 전략에 힘입은 바가 컸습니다. 그들은 강력한 '적'을 고안하면서 그에 대한 자위적 폭력과 침략을 정당화하고 온갖 전쟁범죄를 '인류'의 이름으로 행하는 위대한 도전으로 부릅니다. 일본 작가 미시마 유키오의 할복 이유에서도 보듯이 파시즘적 감성 체계는 유미주의적 취향과 상통합니다. 전쟁을 미학적으로 바라보기 시작하는 데에서 우리는 죽음 충동을 자극하는 파시즘적 예술을 읽을 수 있습니다.

이 강의의 목적은 일본의 군국주의 역사에 대한 숭배와 향수를 가진 이 철딱서니 없는 작가의 극우 파시즘적 작품 경향에 대한 의심을 질타하는 데 있지 않습니다. 또 자신들의 역사에 대한 엄밀한 성찰을 시도하지 못했던 일본 사회의 분열적 주체화 과정을 다시 이야기하는 데도 사실 별 관심이 없습니다. 이 텍스트를 통해 살펴 볼 수 있는 것은 냉소적 주체들의 세계가 스스로 구성하고 있는 새로운 파시즘적

| B급 철학 |

징후의 도래입니다. 역사적으로 존재했던 전체주의는 원자폭탄과 함께 사라졌지만, 전체주의적 사유는 언제 어디서든 다시 재현되고 내면화될 수 있기 때문입니다. 『진격의 거인』의 작가가 '자신이 무엇을 행하는지' 설령 모르고 구상했더라도 말입니다.

주체: 거인-벽-인간의 중첩된 경계와 분열

◇◇◇

시인 함민복은 '모든 경계엔 꽃이 핀다'며 따스하게 응시했지만, '경계'를 넘나드는 모든 이야기들은 본래 위험하고, 그리하여 매혹적입니다. 그런데 무시무시한 크기의 인간 형상이 '작은 인간'을 잡아먹기 위해 보호 장벽을 부수고 넘어온다는 이 이야기는 마치 거울처럼 벌거벗은 우리의 삶과 억압된 욕망을 비추고 있습니다. 사실 잔인하고 야멸찬 '그 세계'를 나누는 '벽'은 인간을 먹을거리로만 보는 거인들로 만들어진 것이었습니다. 이제 『진격의 거인』에서는 벽과 거인의 경계가 흐릿해지고, 거인과 인간의 경계도 희미해집니다. 마치 '상품'과 살아 있는 '인간'의 경계가 무너지고 있는 우리 시대가 그러하듯이 말입니다. 그런데 상품이 자본주의적 생산의 토대이자 전제이며 동시에 결과라면, 마찬가지로 '지배'의 수단으로서 이러한 '거인' 같은 존재는 전체주의적 재생산의 토대이자 전제로, 동시에 그 시스템을 작동시키

는 동력으로 활용될 수도 있다는 의심도 해보게 됩니다.

『진격의 거인』에서 그 벽을 넘어 침범하는 존재가 '거인'으로 불릴
수 있는 것은 단지 그들의 크기 때문이 아닙니다. 언뜻 보면 형용모순
같은 말이지만, 그들은 야수의 본성으로 인간을 향해 진격하는 그 행
위 자체를 통해 '거인'이 됩니다. '진격'은 여기서 거인들의 행태를 수
식하는 말이면서 동시에 인간성으로부터 분리하여 그것의 이름을 짓
는 대상이 가진 동일성의 기준이 됩니다. '벽을 넘어 맹목적으로 나아

| B급 철학 |

가 부딪히는 존재'에 대한 명명命名은 기괴한 타자와 그것의 공격으로 부터 의미 있는 세계를 보호하는 인류의 정체성을 함께 생산합니다. '거인의 진격'이 아니라 '진격의 거인'이라는 제목이 거두는 효과도 여기에 있습니다. '우리는 거인과 객관적으로 다른 본질을 가진 인류의 한 종류'라는 것을 끊임없이 강조하지 않으면, 즉 주체는 "자신을 '이 질적인' 어떤 것으로 지각하"지 않으면 구성될 수 없는 것입니다. 인간으로서의 존엄성이 거인으로부터 격리되어 안전하게 보존되고 있음을 믿기 위해서 이러한 호명을 통한 '구분 짓기'는 계속 수행되어야 하는 것이었습니다.

"그러기엔 저들이 너무 강하고 저는 너무 나약합니다. 괴물과 싸우기 위해 소생 또한 괴물이 될 것입니다." 몇 년 전 대하드라마로 방영된 「정도전」에서 정몽주는 역성혁명 세력에 맞선 자신의 각오를 이렇게 말합니다. 『진격의 거인』에서 주인공인 엘런 또한 거인과 싸우기 위해 스스로 거인으로 변신할 수 있는 운명을 아버지에게서 부여받았습니다. 그는 거인에게 잡아 먹혔다가 다시 그 몸을 찢고 거인이 되어 나옵니다. 엘런은 "거인은 내가 죽인다. 구축驅逐할 거야. 단 한 마리도 남김없이!"라고 외치지만 자신의 이중적 특성으로 인해 거인과 인간 사이에서 정체성의 분열을 겪고 끊임없이 방황할 수밖에 없습니다. 자신이 인간인지, 거인인지 모를 지경에 처한 엘런의 모호한 정체성은 이처럼 주체의 분열, 아니 애초부터 본질적이지 않고 분열적일 수밖에 없는 주체의 단면을 드러냅니다.

더불어 '벽'의 성격도 완전히 바뀝니다. 여기서 벽은 원래 '거인'과 '거인 아닌 인간'으로 분열되어 버린 세계를 인식하는 명확한 기준점을 제시하는 '법'의 역할을 수행했습니다. 또한 벽은 그 양쪽의 세계에 대한 구분이 명확하고 확증적임을 보증해 주는 '커튼'이자 '경계선'이었습니다. 하지만 그 벽은 어이없이 무너지면서 거인으로 만들어진 내부의 실체를 드러냅니다. 벽은 단지 벽 안쪽 세계를 유지하는 환상적 구조물이었던 것입니다. 마치 우리 모두가 믿고 있듯이 자본의 횡포를 막기 위해 국가가 존재하는 것이 아니라, 지배 세력이 절대 다수를 차지하는 그 질서를 계속 유지하기 위해 거대 자본을 비호한다는 사실이 수시로 세상에 폭로되듯이 말입니다.

또한 엘런 이외의 등장인물도 욕망의 대상인 거인을 향해 열렬히 나아가지만 이미 그 집단 속에는 인간으로 위장한 거인들이 잠입해 있었습니다. 원래 거인들과 싸우던 인물들은 기괴한 타자로서 인간성이라고는 전혀 없을 것 같던 거인과의 대비를 통해 자신들의 인간적 정체성을 확인하고 헌신의 정당성을 찾았습니다. 하지만 거인들과 그들에 맞서 인간 세계를 수호하던 열렬한 투사 사이의 선명했던 거리감은 이제 흐릿해집니다. '정상'과 '비정상'은 혼재되고 여기서 주체는 '벽 안'과 '벽 밖'이라는 이원적 구조의 틈 속에서 분열적으로 생산됩니다. 그리하여 『진격의 거인』의 전체 이야기는 거인-벽-인간의 다층적 균열을 통해 벽 밖의 비밀, 벽 안쪽 중심부의 모순으로 나아가게 됩니다.

여기서 잠시 이런 해석의 여지를 준 한 철학자를 만나 보고 가겠습니다. 언뜻 흥미로워 보이지만 난해한 글을 쓰는 철학자로 유명한 슬라보예 지젝Slavoj Žižek, 1949~입니다. 지젝은 후기 라캉의 정신분석학에 대한 해석을 바탕으로 철학, 문화, 정치를 자유롭게 넘나들며 글을 쓰고 대중 강연을 해왔습니다. 그의 데뷔작인 『이데올로기의 숭고한 대상The Sublime Object of Ideology』(1989)은 마르크스주의의 퇴조와 포스트모더니즘의 바람이 지나간 후에 지적 돌파구를 찾지 못하던 현대 유럽철학에 신선한 바람을 일으킨 책입니다.

지젝은 헤겔을 총체성, 절대성을 추구한 것이 아니라 차이와 우연에 주목한 철학자로, 라캉을 '포스트-구조주의자'가 아니라 합리주의의 계보 속에서 계몽주의의 가장 급진적인 해석을 시도한 철학자로 독해하는 의도를 갖고 있습니다. 이 책은 그것을 통해 마르크스-레닌주의를 새롭게 해석하고 신자유주의 세계화의 흐름을 비판하며 정치적 해방의 가능성을 찾으려는 그의 시도에서 출발점이 되고 있습니다. 결국 이 책의 목표는 라캉을 통해 헤겔을 다시 읽고 이데올로기에 대한 새로운 접근법을 찾는 것입니다. 그것은 "'포스트모더니즘'의 올가미; 우리가 '탈-이데올로기적인' 조건 속에서 살고 있다는 환영에도 걸려들지 않고 현시대의 이데올로기 현상들; 냉소주의, '전체주의', 민주주의의 허약한 위상을 파악"하는 것입니다.

이처럼 지젝은 자신의 사유 여정에서 초기에는 주로 헤겔을 경유하여 라캉을 독창적으로 해석하고 활용하면서, 정신분석학을 철학의 실천적 영역으로 확장하고 대중화시키는 데 주력했습니다. 이에 반해 최근의 지젝은 레닌주의와 공산주의 이념에 대한 재해석을 시도하면서 역사유물론, 신학, 정치 투쟁을 넘나드는 폭넓은 자기 사유를 엄청난 분량의 글쓰기를 통해 개진해 나가고 있습니다.

다시 『진격의 거인』으로 돌아오자면, 우리는 '벽'을 사이에 두고 '거인'과 특정한 종족으로서의 '인류'의 중첩적 분열을 통해, 결코 단일한 자아 정체성을 가질 수 없는 '주체'가 갖고 있는 근원적인 모순을 볼 수 있습니다. 라캉의 정신분석학에 따르면 자신의 특성에 대한 자체적 인식인 '정체성'은 애초부터 구성될 수 없는 것입니다. 벽을 사이에 두고 서로에게 중첩된 타자로서만 존재하는 거인과 인간은 애초부터 분열적일 수밖에 없는 '주체'의 특성을 드러내는 것입니다. 이 주체 개념을 보다 깊이 이해하기 위해 라캉의 욕망이 발현되는 세 가지 영역에 대해 간단히 살펴보겠습니다.

'상상계'에서 인간은 거울 단계를 거치면서 청소년기에 자아를 형성해 나갑니다. 자아의 자기중심성을 갖춰 가면서도 인간은 자신의 불완전한 몸과 완전한 것처럼 보이는 거울 속 형상 사이의 간극을 인식하고 불안을 느낍니다. 그 과정에서 인간의 욕망은 착각과 자기기만을 반복하면서 보고 싶은 것만을 보고 믿고 싶은 것만을 믿으려고 합니다. 이어서 이미 구성된 세계인 '상징계'는 언어 규칙이 지배하는 세계입니다. 언어가 현실의 구조를 만들어 내는 상징계에서 자아는 대타자로서의 아버지를 받아들일 수밖에 없습니다. 그 속에서 인간은

타자의 욕망을 욕망하는 방법을 배우게 됩니다. 자기중심적인 상상계
적 자아에서 타자의 규칙을 수용하고 객관적인 상징계의 주체로 나아
가면서, 인간은 다른 사람을 통해 욕망의 주체로 구성되는 것입니다.

물론 여기서 언어의 사용은 선택이 아니라 강요된 것이며, 이 언어
체계에 완전히 편입되어 주체로 구성되어야 비로소 욕망이 시작됩니
다. 타자는 주체의 욕망을 인정해 주는 존재이기 때문입니다. 그런데
언어는 욕망을 지속시키기도 하지만 언어로 표현될 수 없는 무의미의

영역을 계속 남겨두기 때문에 주체의 욕망을 소외시키기도 합니다. 이제 '실재계'가 등장합니다. 실재계는 상상계와 상징계의 경계에 있으면서 모두를 포괄하는 영역입니다. 다른 말로 하자면 언어를 벗어나는 상징계의 영역이자, 욕망을 지속적으로 불러일으키는 원인입니다. 인간은 결코 이 실재계에 도달하거나 전체를 온전히 담아서 표현할 수 없습니다. 실재계 중에서 극히 일부의 영역으로 상징화된 것만 오직 말할 수 있습니다.

이것은 마치 '도를 도라고 말할 수 있으면 이미 도가 아니다[道可道非常道]'라는 『도덕경』의 첫 구절이 떠오르는 이야기입니다. 이미 이름 붙일 수 있다면 그것은 이미 이름이 아닌 것이 되는 경지의 세계에서 우리의 말이나 글은 무능합니다. 상징화하려고 하면 더 멀리 달아나 버리는 이 실재계는 우리의 언어 구조를 통해 잃어버린 세계이기도 합니다.

라캉에 따르면 이 세 가지 영역은 인간 삶이 영위되는 근본적 영역이면서 욕망을 발생시키는 근거가 됩니다. 욕구needs는 당장의 필요가 충족되면 해소할 수 있는 것이며, 요구demand는 욕구가 언어를 통해 표현된 것이면서 타자를 전제하는 것입니다. 이에 비해 욕망desire은 욕구와 요구 사이의 불일치를 보여 주는 욕구로부터 요구를 뺀 차이로서 그 결핍을 통해 발생합니다. 동시에 욕망은 앞서 말한 대로 타자의 욕망을 환상적으로 가져오려는 것이기도 합니다. 그러나 타자의 욕망이 나의 욕망이 될 수 없기에 그것은 영원히 채워지지 않는 주체의 이중적 욕망입니다.

이런 점에서 욕망은 단순히 정념적인 것이 아니라 자신의 존재를 회복하고 의미를 찾으려는 존재 자체에 대한 자립적이고 자발적인 순수 욕망입니다. 여기서 욕망의 윤리가 문제시됩니다. 하지만 현대 소비사회는 그것을 특정한 대상이나 상품에 대한 욕망으로 치환시켜 버린다는 데에서 인간의 탐욕, 집착, 불행은 고질적인 것이 됩니다.

어쨌든, 결국 주체는 존재하는 것이 아니라 구성될 뿐입니다. 우리가 살아가야만 하는 세계는 상징계의 물질적 기표들과 상상계의 이미지가 구성하는 현실이지만, 사실 그 현실은 우리가 믿는 대로 구성되어 있지도 않고 우리의 바람과 달리 아주 비일관적입니다. 우리의 언어는 상징화를 쉽게 벗어나고 탈주하는 '실재The Real'를 매끄럽게 포섭하고 구조화하기엔 근본적인 한계를 갖고 있습니다. 따라서 언어가 실재계에 대해 갖는 한계만큼 인간이라는 존재는 근원적으로 소외될 수밖에 없습니다.

『진격의 거인』에서 보이지 않는 것을 보이는 것으로 추상하려는 '경계'로서의 '벽'은 절대 도달할 수 없고, 결코 도달해서도 안 되는 곳, 곧 '실재'를 훔쳐볼 수 있는 '틈'으로 작용합니다. 그러나 그 실재는 때로 벽 안에 갇혀 있던 누군가에게 그러했듯이, 지금-여기에서 시작하는 '해방'에 대한 꿈을 꾸게 만드는 근거로 작용하기도 합니다. 마치 라캉을 독창적으로 해석한 지젝에게 있어 영화와 소설을 분석하는 행위가 그러하듯이 말입니다.

이데올로기: 필연적 환상과 억압된 것들의 회귀

◇◇◇

라캉의 정신분석학은 주체의 구조에 내재되어 있는 결여와 배제, 욕구와 요구 사이의 불일치이자 결핍인 욕망을 환기합니다. 지젝은 그 분석을 통해 주체가 현실에서 겪을 수밖에 없는 소외와 부정 등에서 연유하는 인간 부조리와 세계의 모순을 겨냥합니다. 앞서 말한 것처럼 엘런은 특정한 실체로서 경험되는 인간 존재가 스스로에 대해 갖는 내적 거리를 드러내는 증상으로 독해될 수 있습니다. 우리는 여기서 사람을 산 채로 뜯어 먹는 '거인'이라는 명확한 '기표'가 어떻게 해서, 사람에서 거인으로, 다시 거인에서 사람으로 변신하는 등장인물(분열적 주체)을 통해 그 자체와의 관계 속에서 불완전함을 갖게 되는지에 주목해야 합니다.

지젝은 우리의 욕망 구조로 인해 끊임없이 찾아다니는 '대상 a'가 이러한 주체와 타자의 근원적인 불일치가 만들어내는 결여와 공백으로 인해 만들어진다고 설명합니다. 그런데 완전한 해소가 불가능함에도 불구하고 끊임없이 타자의 욕망에 대한 욕망을 해소하기 위해 환유적 대상을 찾아다녀야만 하는 인간 욕망의 반복성은 지젝에게 와서 현실에서는 정치적 전복을 위한 상상력과 연결됩니다. 이처럼 지젝은 욕망의 윤리를 충실히 따르는 차원을 넘어 실재를 향하고 그것에 근거한 정치적 추동력을 강조합니다.

『진격의 거인』에서 바깥쪽 벽 안에서 거인의 위협에 노출된 채 살아가는 사람들과 안쪽 벽의 내부에서 안전하게 살아가는 사람들의 삶은 분리되어 있습니다. 이 디스토피아에서 생존 못지않게 중요한 것은 사람들 사이의 위계 짓기를 통한 역할 분담과 차별입니다. 배제된 자와 포함된 자를 분리하는 삼중의 벽은 실재계를 함부로 재단하는 상징적 언어의 역할이 물질화된 것이라면, 이러한 분리와 차별, 혐오와 공포를 통해 지속적으로 생산되는 사회적 적대는 상징계라는 벽의 여기저기에 크고 작은 균열을 넓히게 됩니다. 그러나 거인들의 입장에서 바라보면 그들은 어디까지나 한 곳에 몰려 있는 먹잇감들일 뿐입니다. 그래서 혹자들은 점점 강대해지는 중국에 대한 일본의 피해의식으로 해석하기도 합니다.

그런데 우리의 세계를 침범하여 벽을 부수고 넘어오는 저 거인은 어느 날 갑자기 다가온 객관적 실체인 것처럼 인식되지만, 일본 군국주의의 찬란한 부활이라는 실재의 중핵을 은폐하고 이데올로기의 공백을 메우기 위해 요청된 것으로 보는 것은 어떠한가요? 이야기 속에서 '거인과 인간의 관계'가 하나씩 드러나듯이, 애초부터 거인의 침입을 막아내기 위해 벽이 세워진 것이 아니라, 벽 자체의 존립을 위해 거인이라는 극악무도한 공포의 대상이 요청된 것이라는 관점입니다. 또한 같은 맥락에서 '벽 속에 갇혀 있다가 깨어났다는 거인'은 사실 '조사병단'(거인과 맞서 싸우는 전문 부대)의 내적 분열로 볼 수 있는 장치라고 볼 수도 있겠습니다.

지젝은 2001년 미국의 9·11 테러라는 현실이 우리의 이미지로 들어온 게 아니라, 오히려 그 이미지가 우리 현실(현실적 경험을 객관화하는 상징적 질서)로 들어와서 그것을 산산조각 냈다고 주장합니다. 그는 다른 책 『시차적 관점』에서 이처럼 "이데올로기의 결집력이 그 효율성을 상실해 사회가 분열된 혼란스러운 상황"에서 그 상황을 다시 안정시켜 사람들에게 이해 가능한 것으로 만들어주는 새로운 기표, 즉 '주인 기표'의 역할을 설명합니다.

『진격의 거인』에 등장하는 견고한 '삼중의 성벽'은 마치 전후 일본의 평화헌법의 상징계적 장치가 무력화된 상황을 애써 은폐하려는 욕망의 강도를 굴절시켜 보여 주는 것 같습니다. 또한 그 삼중의 성벽으로 인해 위계적으로 나뉜 각각의 구역은 당장은 언어화되기 어려운 천황 중심의 전체주의적 국가 이념을 호위하려는 과도기적 욕망의 두께를 역설적으로 드러냅니다. 이러한 '벽-거인'의 이중적 형상화는 최근 일본 주류 사회의 집단적 무의식 속에서 새로운 '주인 기표'의 역할이 요청되고 있음을 암시합니다.

『진격의 거인』에서 인간과 거인의 경계가 희미해진 상황은 야스쿠니 신사에 대한 공식적인 참배와 일제의 범죄적 역사에 대한 몰지각한 망언, 평화헌법 파기와 재무장 추진, 공공장소에서 욱일승천기의 등장 등을 암묵적으로 추인하고 있는 아베 신조가 집권하고 있는 오늘날 일본의 주류 정서를 떠올리게 합니다. 천황이라는 이데올로기는 황국사라는 상징계의 시작과 끝이었습니다. 1945년 8월을 기점으

로 일본 사회는 지배 이데올로기의 급격한 변동을 경험합니다. 그 이
전이 천황을 중심으로 한 파쇼 체제였다면 그 이후는 평화헌법을 위
시한 경제 성장이 그들의 최우선 과제였습니다. 전후 70년이 조금 못
되었을 무렵부터, 더 정확히는 아베 신조가 집권한 이후 일본 사회에
서는 (미국의 아시아 대외정책 변화와 더불어) 다시 극우 세력의 주장이 득세
하기 시작했습니다. 일본의 노골적인 재무장과 우경화를 법적 체계로
방어하던 기존 헌법의 상징적 효력이 사라지면서, 그 자리에 대신 놓

여야만 하는 것은 '새로운 적의 출현'이라는 환상 체계입니다. 최근 일본 사회의 내부 분열과 혼란 속에서 더욱 강하게 강조되어야 하는 것은 국가안보의 필요성입니다.

고전적 마르크스주의에서 '이데올로기'는 사회적 관계의 총체성을 보지 못하는 편파적인 '허위의식'이었습니다. 특정한 역사적 상황에 연루되어 발생한 구체적인 사태를 인간 조건의 보편적인 특징으로 둔갑시키고, 특정한 계급의 이해관계를 인간의 보편적 이해관계가 확장되는 것으로 묘사하는 것을 폭로하고 해체하는 것은 이데올로기 투쟁의 핵심이었습니다.

그러나 지젝이 이 책에서 강조하는 이데올로기는 우리의 현실을 구성하는, 상징계의 균열을 봉합하는 '필연적인 환상'입니다. 지젝이 라캉을 통해 해석하는 이 환상 개념은 우리의 욕망을 구성하고 그것의 방향과 좌표를 제시하는 것입니다. 지젝의 이데올로기 개념은 "우리 자신의 불가능성의 흔적을 지우기 위해 설정된 전체성을 지시"하는 것으로서, 그것의 효과를 통해 우리는 스스로에게 다시 돌아오는 실재적 중핵을 직시하지 못하게 만듭니다.

이런 점에서 이데올로기는 지식이나 의식의 영역이 아니라 무의식의 차원에서 작동하는 것입니다. 그런데 모든 사회에서 필연적으로 존재해야만 하는 이데올로기적 환상은 "우리에게 어떻게 욕망해야 하는가를 가르"칩니다. 따라서 이데올로기적 환상은 현실을 재구조화합니다. 이데올로기는 현실에서 도피하기 위한 환영이 아니라 현실 자

| B급 철학 |

체의 토대가 되는 환상적 구성물입니다. 그것을 통해 우리는 현실에서 도저히 감당할 수 없는 실재의 중핵으로부터 도피할 수 있는 피난지를 마련하게 되고, 실재를 은폐시킵니다. 이처럼 모든 이데올로기는 그 자체의 어긋남을 지닙니다. 그런데 지젝은 억압된 것들은 반드시 다시 문명 속으로 돌아온다고 말합니다. 처음에는 비극으로, 다음에는 희극으로.

실재: 샤머니즘적 파시즘 시대를 돌파하기 위하여
◇ ◇ ◇

『진격의 거인』에서 거인의 존재는 상징계 너머에 있는 실재에 대한 공포를 드러내는 것이 아니라, 오히려 상징계의 균열로 인해, 일본 상황에 빗대어 말하자면 상징계의 평화헌법이라는 전후 일본 사회를 유지시키던 벽이 무너진 이후 그것을 은폐하기 위해 요청될 이데올로기의 특성을 잘 보여 줍니다. '거인'이라는 존재는 주체의 분열된 무의식을 보여 주면서 동시에 타자의 욕망을 욕망하는 주체의 굴절된 욕망 구조도 환기합니다. 또한 거인과 인간 사이에서 고뇌하는 엘런의 존재는 근원적으로 분열된 주체의 구조 속에서 허우적거리며 끝없는 불안과 공포 속에서 분열된 주체로 살아가는 우리들의 상황을 반영할지도 모릅니다. 아직 완결되지 않은 이야기이지만 현재까지의 추세로 보자면, 이 기이한 이야기는 결국 인간과 거인 사이의 싸움이 아니라 인간과 다른 종류의 인간 사이의 전쟁으로 드러날 것입니다. 결국 그 거인은 인간들이 스스로 만든 존재로 드러날 것이며, 그렇다면 거인의 모습은 사실 언제든 괴물로 변할 수 있는 인간 자신에 대한 혐오와 공포가 담긴 자화상일 수도 있습니다. 그런 점에서 'B급 감성'으로 무장한 이 대중문화 콘텐츠를 지금-여기에서 독해하는 방식은 역사적 과오를 반성하고 그것에서 다시 미래의 교훈을 얻지 못하는 일본의 주류 사회의 그것과 확연히 달라질 수밖에 없습니다.

『진격의 거인』은 애니메이션과 신화적 세계관이 공유하는 주술적 힘이 격정적으로 만나서 '샤머니즘적 파시즘'의 징후가 증폭되는 현상을 보여줍니다. 시대의 '성감대'를 자극하는 대중문화 콘텐츠는 하나의 문화 현상으로서 확장되어, 집단의 기억을 추동하고 억압되어 있던 집단 무의식에 주술을 겁니다. 불행히도 그런 현상은 대중문화의 향유에만 멈추지 않습니다. "간절히 원하면 온 우주가 나서서 도와준다"고 믿으며 도처에서 불온한 "기운이 느껴"지는 정치 지도자와 그의 가신들이 "혼이 비정상"인 대중들을 농간하며 통치하는 사회가 아무렇지 않게 돌아가는 것은 저강도로 진행되고 있는 파시즘의 주술 효과를 반증합니다. 매스미디어와 영상 테크놀로지를 통해 세련된 얼굴을 하고 다가오는 '마법의 힘', 즉 친근한 환상으로 전파되는 이데올로기에 '현혹된' 냉소적 주체들은 서서히 끓어가는 주전자 안의 개구리처럼 무기력해집니다. '정권 바뀌면……'이라는 말을 주워섬기며 오늘

하루도 근근히 버텨냅니다.

현대 사회의 중첩된 세계가 만들어내는 '적敵과 아我의 불명확한 전선戰線' 위에서 사람들이 얼마나 빠르게 냉소주의를 선택하고 무기력에 적응하는지를 우리는 지난 역사에서 숱하게 보아 왔습니다. 우리의 삶을 불안과 공포에 떨게 만드는 것들은 곧 저 높은 곳에서 아래를 굽어보는 '월 시나' 안의 제일 높고 깊은 곳에 사는 그들이 보여주듯이 인민을 지배하고 통제하는 가장 좋은 수단들이 됩니다. 개인과 가족의 생존, 불안정한 노동과 허약한 복지, 경쟁과 성취에 대한 압박, 암울한 노후생활 등의 좁은 차원에서부터 오랜 시간 지속되고 있는 한반도의 분단, 사회에 깊이 뿌리 내린 부정의와 화석화된 민주주의, 세분화된 차별과 혐오, 이제는 긴 띠를 이루고 있는 원전들과 지진의 위협 같은 넓은 차원까지 말입니다. GDP의 증가, 낙수효과, 그리고 디지털 문명의 발전이 사람들의 행복감을 고양시키고 확장시켜 줄 것이라는 순진한 믿음은 이제 저절로 폭발하는 스마트폰 배터리와 함께 버려지고 있습니다. 함께 꿈꿀 수 있는 지속가능한 미래를 염두에 둔다면, 정말 위험하고 무서운 존재는 우리를 씹어 삼키러 진격해 오는 어떤 '거인들'이 아니라, 스스로의 존재 양식에 대해 '멈추고 생각'하지 못하는 우리 자신의 모습이 아닐까요?

홀로 생각하고 행동하여 자신의 삶을 바꿔 나갈 능력을 퇴행시키고 세상을 조금씩 바꿔나갈 의지를 포기한다면, 인간이 무언가 다르고 특별하며 위대한 존재라는 것을 우리는 어떻게 증명해야 할까요?

인간의 두뇌가 자랑하는 '이성理性' 능력이 죽어도 산 것처럼 달려드는 '좀비'의 뇌와 달리 존엄하다는 것을! 밑바닥 삶이라도 목숨을 연장하며 삶을 꾸려나가는 것이 쓰이다 버려지는 '건전지'보다 가치 있다는 것을! 끊임없이 작동되는 우리 삶의 욕망이 '좁고 더러운 철창 속에서 죽음을 기다리는 식용 개들'의 본능과 다르다는 것을!

B급 철학

영화, 만화, 드라마, 게임에 빠진 이를 위한 철학 에세이

1판 1쇄 발행 | 2016년 10월 25일

지은이 | 한길석, 유현상, 강경표, 오상현, 박종성, 강지은, 김성우, 조배준
기획 | (사)한국철학사상연구회, 벙커 1
펴낸이 | 조영남
펴낸곳 | 알렙

디자인 | 호야 디자인

출판등록 | 2009년 11월 19일 제313-2010-132호
주소 | 서울시 강서구 공항대로 45길 101 강변샤르망 202-304
전자우편 | alephbook@naver.com
전화 | 02-325-2015
팩스 | 02-325-2016

ISBN 978-89-97779-68-0 03100